A coragem que vem de dentro

❧

Histórias de pessoas que
superaram grandes traumas

Staël Gontijo

A coragem que vem de dentro

❦

Histórias de pessoas que
superaram grandes traumas

Copyright © 2010 Staël Gontijo

PROJETO GRÁFICO DE CAPA E MIOLO
Diogo Droschi

FOTOGRAFIAS
Staël Gontijo

EDITORAÇÃO ELETRÔNICA
Christiane Morais de Oliveira

REVISÃO
Aiko Mine
Ana Carolina Lins
Cecília Martins

EDITORA RESPONSÁVEL
Rejane Dias

Revisado conforme o Novo Acordo Ortográfico.

Todos os direitos reservados pela Autêntica Editora.
Nenhuma parte desta publicação poderá ser reproduzida, seja por meios mecânicos, eletrônicos, seja via cópia xerográfica, sem a autorização prévia da Editora.

AUTÊNTICA EDITORA LTDA.
Rua Aimorés, 981, 8º andar . Funcionários
30140-071 . Belo Horizonte . MG
Tel: (55 31) 3222 68 19
Televendas: 0800 283 13 22
www.autenticaeditora.com.br

Dados Internacionais de Catalogação na Publicação (CIP)
(Câmara Brasileira do Livro, SP, Brasil)

Gontijo, Staël
  A coragem que vem de dentro : histórias de pessoas que superaram grandes traumas / Staël Gontijo. – Belo Horizonte : Gutenberg, 2010.

  ISBN 978-85-89239-30-1

  1. Atitude - Mudança 2. Coragem 3. Determinação 4. Experiência de vida 5. Histórias de vida 6. Perseverança 7. Sabedoria 8. Solução de problemas I. Título.

10-09023   CDD-869.9803

Índices para catálogo sistemático:
1. Lições de vida : Histórias de superação : Depoimentos : Literatura brasileira : 869.9803

A Marie Françoise Thérèse Martin
(Lisieux)

Índice inteligente

Este livro foi construído com o intuito de permitir ao leitor fazer uma leitura sequencial – tal qual a disposição numérica das páginas – ou escolher a ordem conforme o interesse no assunto. O "Índice inteligente" traz um relato breve de cada narrativa, auxiliando você a optar por qual delas começar.

Primeiras impressões..11

A dor sem nome...15

    Filha de pastor, Christiane Yared seguiu o que se esperava de uma garota de classe média alta do Paraná. Casou-se, teve três filhos e trabalhou muito para fazer da pequena confeitaria que montou com o marido uma das mais premiadas casas de doces do país. Sua vida saiu dos trilhos quando o seu filho Rafael morreu num acidente de trânsito provocado pelo deputado estadual Fernando Carli Filho. Christiane recolheu o filho no asfalto para plantá-lo em forma de solidariedade.

O empresário da diversidade humana....................................27

    Executivo do mercado financeiro, Humberto Alexandre sofreu um acidente numa rodovia em São Paulo. Voou pelo para-brisa e foi atropelado pelo próprio carro. Socorrido de maneira errada, acabou ficando paraplégico. Perdeu tudo, inclusive a esposa, que, ao pedir o divórcio, justificou: "Você não é mais homem". Resolveu dar a volta por cima e, hoje, é consultor na área de diversidade humana e instrutor de aviação.

O prisioneiro das palavras..39

    Condenado a 132 anos de prisão, Luiz Mendes é um autodidata que aprendeu a ler na prisão. Escreveu suas memórias como meio de autoterapia e, com o livro, foi finalista no Prêmio Jabuti. Ele é colunista da revista *Trip*, consultor especial do Sistema Prisional Brasileiro e prepara-se para lançar seu próximo romance. Entre um lançamento e outro, Luiz encontra tempo para fundar bibliotecas em presídios e ministrar cursos de Literatura aos presos, pois acredita que a leitura transforma o homem.

O voo da lagarta 51

O colunista do jornal *O Tempo* decidiu, desde pequeno, suprimir sua índole homossexual. Perfeitamente compreensível, já que o homossexual tem obstáculos a superar, infinitamente maiores que os heterossexuais – coisa que afeta todas as minorias no Brasil e no mundo. A homossexualidade tornou-se um fantasma na vida de Oswaldo e, na vida adulta, se instalou de vez. Após experiências amargas, ele deixou para trás o casamento e dois filhos para se unir ao verdadeiro amor de sua vida: Marquinhos. Juntos, lutam em prol dos direitos gays, tendo conseguido recentemente a aprovação de lei anti-homofóbica em Minas Gerais.

Na sintonia da felicidade 64

Marcos Rossi nasceu sem braços e pernas. Advogado e palestrante, casado e pai de dois filhos, ele trabalha num dos maiores bancos do país. Com sua cadeira de rodas motorizada, percorre o país com um humor invejável, ministrando palestras com o tema "O potencial humano é ilimitado". Nas horas de lazer, Marcos toca em escola de samba, canta em banda de rock, pratica mergulho, entre tantas outras coisas.

Um morcego à luz do dia 76

Filho de empregada doméstica, Roberto Bíscaro nasceu albino e sofreu inúmeros preconceitos por causa da carência de pigmentação da sua pele. Descobriu cedo que, para vencer o preconceito, haveria de ser o "melhor", tornando-se o primeiro da turma da escola. Formou-se em Letras e é pós-graduado, mestre e doutor em Dramaturgia Norte-Americana pela USP – curso que lhe propicia trabalhos com grandes diretores de cinema. Roberto mantém um blog para dar assistência aos albinos brasileiros e ensiná-los que: "Se o filho deficiente de uma doméstica pode vencer, todos podem".

Empreendedor da liberdade..89

Ex-sequestrador, ex-traficante, ex-assaltante, dedicou sua adolescência ao crime, tornando-se chefe da maior quadrilha de sequestradores do país. Condenado a 28 anos de prisão, recebeu ajuda de uma de suas vítimas e criou o Centro de Integração Social e Cultural (CISC), onde já ajudou na recuperação de mais de 5.000 detentos. Entre os encontros memoráveis está o com príncipe Charles.

No vale da escuridão...101

Essa paulista que foi criada em Curitiba passou por três casamentos, sendo um deles com um paraplégico. Como ela mesma conta, "não tinha tempo para ser infeliz", pois suas 24 horas eram tomadas pelas tarefas de mãe de três filhos e pelo treinamento a crianças surdas ou mudas. De repente, seu mundo ruiu. Lênia Luz se viu paralisada numa avenida de Curitiba, sem conseguir gritar e com a nítida sensação de que iria morrer. Foi quando ela descobriu que tinha síndrome do pânico. Desse dia em diante sua vida se transformou. Mas o pior ainda estava por vir.

O escultor da esperança...114

Um acidente de motocicleta levou Marco Antônio Guedes a amputar a perna esquerda. Mas isso não o impediu de terminar o curso de Medicina e viajar pela Amazônia, atendendo à população carente. Sofrendo na pele a falta de especialistas em traumatologia, foi buscar na Europa avanços para o tratamento a amputados. O médico recebe em sua clínica dezenas de profissionais da saúde para ensinar o que ele aprendeu: "O limite do amputado está dentro dele. O problema está sempre dentro da gente". Apesar de deficiente físico, Marco Antônio tornou-se exímio jogador de tênis.

A flor silvestre..124

Maria Francisca foi a primeira surdocega reconhecida no país, já que a maioria desses deficientes é tratada erroneamente como autista. Ela vive no Lar das Cegas, em Belo Horizonte, mas viaja pelo mundo palestrando sobre a surdocegueira. Quando não está na estrada, no ar ou no mar, conhecendo novos equipamentos que podem ajudar os jovens surdocegos do Brasil, ela percorre os dedos por todos os livros em Braille que pode encontrar.

8 A coragem que vem de dentro...*137*

Estudos que visam entender a capacidade que certos indivíduos têm de superar adversidades. Acredita-se que o indivíduo que vivenciou o caos e continuou uma vida de qualidade, sem resignação destruidora, ou seja, renasceu dos escombros, é um ser dotado de força especial, ou ainda, decodificador dessa força na natureza.

∾ Primeiras impressões

Maktub, palavra de origem árabe, significa "está escrito". É usada para descrever situações em que temos a sensação de os acontecimentos da nossa vida serem previamente destinados e de que nada acontece por acaso.

O primeiro ocidental a usar a expressão foi o escritor e matemático brasileiro Júlio Cesar de Melo e Souza, que, em 1939, escreveu um livro de contos intitulado *Maktub*, cujo personagem principal, Malba Tahan (mais tarde o autor adotou o nome como pseudônimo), se envolvia com algum engenhoso problema matemático, resolvendo-o magistralmente.

O vocábulo foi título de uma coletânea de crônicas publicadas diariamente em jornais entre os anos 1993 e 1994, e também usado para conceituar, segundo o *Dicionário de símbolos*, "histórias e fatos de várias culturas e partes do mundo, tratando-se não de livro de conselhos, mas de um resumo de filosofia de vida de diversos povos".

A coragem que vem de dentro é uma espécie de efeito *maktub* em minha vida, pois nunca pensei em escrever nada semelhante ao conteúdo destas páginas. Eu poderia deixar de contar como o projeto começou e creditar a ideia a mim, dar a entender que, desde o início, o tema aclarou na mente e que o conhecimento inserido nesta obra pertence ao meu ser. Mas, se o fizesse, não seria honesta e estaria roubando o mérito alheio, além de me apossar do brilho dos verdadeiros senhores e senhoras das histórias especiais que tive o prazer de conhecer e de com eles aprender que enxergar o "Eu" por meio da experiência de outrem é transformador, ainda que as experiências se diferenciem entre si.

Tudo começou numa manhã de março, quando o meu celular tocou. O interlocutor propôs um desafio que, em princípio, pareceu-me estranho.

Imaginei de onde tirara a ideia de que eu fosse capaz de produzir narrativas nos moldes de receituário de conduta. Tal tarefa me parecia impossível, por entender que prescrever passos para uma vida de sucesso não faz parte da minha realidade. É constrangedor "receitar" algo que eu ainda procuro.

Confesso ter certa resistência ao gênero. Resistência esta amenizada com o argumento da editora de que a intenção seria apresentar a trajetória do outro como fonte de aprendizado. Narrar a história de homens e mulheres que solucionaram problemas de maneira admirável, fazendo das suas vivências reflexos de sabedoria.

Pânico e aflição foram as primeiras impressões ao aceitar o convite da Editora Gutenberg para escrever este livro.

No fundo, o freio que me continha passava longe de ser a técnica narrativa. O essencial, naquele momento, era responder à pergunta que não me saía da cabeça: O que é superação?

Por meses pesquisei Filosofia, ícones da Psicanálise, dogmas orientais e ocidentais, na tentativa de apreender os mecanismos da superação. Dediquei grande parte da minha energia a refletir e falar sobre o tema com renomados psiquiatras e religiosos da atualidade, num diálogo que sempre se renovava e ganhava novos contornos.

Os profissionais da Psiquiatria são unânimes em afirmar que superação é a capacidade de interpretar acontecimentos estressantes e incorporá-los dentro de um plano pessoal de metas, transformando-os em algo consistente com o sistema de valores do organismo, e não em algo perturbador.

Quanto à literatura ser uma fonte de inspiração para superar obstáculos, há controvérsias: uns acreditam que "as pessoas buscam soluções mágicas para os problemas"; outros que, "apesar de não comprovado clinicamente, existe melhora do paciente após leituras de apoio, mas, depois, quase sempre, eles retrocedem ao quadro depressivo". Há os psicólogos que afirmam ser tal gênero literário "a consequência da sociedade individualista criada na Era da tecnologia, proveniente do esquecimento do homem em questionar a razão da sua existência" (*uf*).

Familiarizada com o conceito de superação, pus-me a buscar os personagens. Graças a ferramentas como internet e associações de apoio a diversos traumas, a tarefa foi cumprida em quinze dias. Os historiados "meio que caíam" frente aos meus olhos.

Trabalhei individualmente com pessoas habilidosas na arte de viver a vida e tive o mudo prazer de conhecer histórias entremeadas com lágrimas e risos, dores e vitórias.

Admirei, questionei, discuti, calei-me e tive esperanças. Fiz o que pude para manter as histórias na linha da fidelidade, de modo a enquadrar na narrativa a personalidade dessas pessoas que enfrentaram todo tipo de problemas que se possa imaginar.

Embora não ouse afirmar que sempre tenha captado todo o talento demonstrado por elas na busca de soluções, aprendi muita coisa a respeito dos problemas e da coragem. Conheci fracassos, é claro, mas vi gente talentosa inventando saídas, encontrando na dor uma trilha para a transcendência, descobrindo a maestria do otimismo, abrindo caminho rumo à clareza a passos às vezes pequenos e incertos, às vezes súbitos e gigantescos.

Minha completa imersão nas experiências dos personagens reais que compõem este livro proporcionou-me um senso bastante apurado de gratidão, não na contabilização estrita de "o que dei, ou ganhei", mas no sentido de perceber as maneiras incontáveis em que somos sustentados neste mundo. Um olhar apreciativo sobre o outro pode transformar radicalmente a nossa maneira de viver.

Tive a grata surpresa de testemunhar a disponibilidade das personagens. Com dias atarefados e sem tempo para muita coisa, cada uma delas não pensou duas vezes em dedicar-se por inteiro ao projeto. Os seus objetivos? Nada além de praticar solidariedade.

A coragem que vem de dentro resulta do esforço de reunir e integrar aquilo que me parece ser um consenso entre os entrevistados a respeito das bases de suas vitórias: "Superar é possível, basta acreditar". Nestas páginas, você ouvirá minha voz – uma variante em linguagem escrita da voz que emprego nos encontros reservados com meu íntimo – e também muitas outras vozes, todas falando sobre a capacidade de superar.

Não sei o que os psicólogos e os psiquiatras que conheci pensam a respeito do poder que tem a história de alguém na vida de outro alguém. Mas estou convicta de que o exemplo exerce poder incrível na nossa própria vida. Talvez seja por isso que ainda lemos *Pinóquio, Os três mosqueteiros* aos nossos filhos, quem sabe! Ouvir as pessoas falarem de seus desafios e a maneira como os superaram é encorajador, uma espécie de elixir para a alma. Muitas vezes, falar dos nossos problemas não é nada fácil, então, frases específicas de situações alheias caem como uma luva naquela situação que guardamos para ser resolvida depois, ou, talvez, nunca.

Uma história, com seus altos e baixos, dramas e sofrimentos quase intransponíveis, tem a capacidade de mexer fundo conosco e nos obrigar a questionar a nossa coragem adormecida.

Muitas vezes a rotina nos cristaliza, impedindo-nos de ver beleza em atos simples e, de tão simples, ignorados. Como subir um degrau com as próprias pernas, por exemplo – eu subo e desço mais de cinquenta para ter acesso à minha casa e nunca pensei que fosse grande coisa; até ser questionada se eu tenho consciência de que isso é uma dádiva.

Ou, ainda, de que o automóvel não foi trocado neste ano, mas os filhos têm acesso a boas escolas e, nelas, oportunidade de assimilar conhecimentos preciosos para as suas vidas, evitando a dura lição das ruas; que o churrasco em família aos sábados é benesse temporal e, justamente por não ser eterna, não deve ser contaminada pelas pequenas rusgas, mas sim vivida intensamente – num ritual de devoção.

Ao ouvir as histórias que narro aqui, fui tomada por uma onda de esperança responsável por despertar em mim uma nova maneira de assimilar o dia. Hoje, ao acordar, procuro expulsar o desencanto, venha ele de onde vier. Ao sair de casa, meus instintos estão atentos aos sons, cores e cheiros – tudo isso produz na alma uma alegria vibrante.

Cada um dos personagens deste livro é graduado em Sofrimento, mestre em Superação e doutor na Arte de Viver a Vida. Suas lições mudaram a minha maneira de ver o mundo. Aprendi com eles que dificuldade é apenas uma fase da questão e que nos cabe escolher entre fazer dela um drama eterno ou superá-la.

Quanto a mim, estou estudando Serenidade, para no futuro me graduar em Paciência e lecionar Esperança. Creio que vou conseguir me formar, pois... a coragem vem de dentro.

Staël Gontijo

A dor sem nome

FILHA DE PASTOR, Christiane Yared seguiu o que se esperava de uma garota de classe média alta do Paraná. Casou-se, teve três filhos e trabalhou muito para fazer da pequena confeitaria que montou com o marido uma das mais premiadas casas de doces do país. Sua vida saiu dos trilhos quando o seu filho Rafael morreu num acidente de trânsito provocado pelo deputado estadual Fernando Carli Filho. Christiane recolheu o filho no asfalto para plantá-lo em forma de solidariedade.

> *Embora a ruptura da unidade primária*
> *seja uma perda necessária, permanece*
> *como um ferimento incurável.*
> Harold Searles

Segunda-feira, nove horas da manhã. Embora o horário seja de plena ebulição das cidades, o condomínio onde mora a família Yared está quase deserto. Também, não é para menos, faz 13 graus acompanhados de uma chuva fina.

O porteiro me olha desconfiado, pergunta meu nome duas, três vezes. Intercala a desconfiança entre a janela do táxi e o interfone. Após constatar que eu não vou desistir, deixa-me entrar. Com a empregada da família não é diferente. A garota me olha dos pés à cabeça pela fresta da porta que ela mantém na segurança do pega-ladrão e informa que a patroa não está. É que, após a tragédia de maio de 2009, que caiu sobre os Yared como um raio, atender à porta é quase uma dor, e o medo instalado em seus corações leva-os ao excesso de cautela.

Logo o patrão aparece para me colocar para dentro da mansão e informar que "Christiane foi à confeitaria, mas volta já". Gilmar se esforça para ser cordial; às vezes, esboça um sorriso mecânico. Seus olhos são opacos, neles se percebe a tristeza que o atinge como uma azagaia atravessando-lhe o peito e nele a purgar até os pecados não cometidos.

Em meio ao chá, broa e geleia, Gilmar resume o sete de maio, mas sempre com a observação de "A Christiane vai lhe contar os detalhes" e "Ela é uma mulher muito forte, você verá". Tentando manter o equilíbrio da conversa, Gilmar faz longas pausas, pousa o olhar no nada. Para ele é quase impossível falar sobre a tragédia que abateu sobre a família sem misturá-la à sua decepção com a Justiça brasileira.

– Sou locutor. – diz ele, mudando de assunto para devolver a lágrima que quer brotar – Pela manhã gravo comerciais para a TV e à tarde ajudo a Chris na confeitaria.

Mal ele devolve a xícara ao pires, chega Chris, ou melhor, Christiane Yared – uma morena de ancas largas, cabelos fartos e um olhar... um olhar que surpreende pela força, pela determinação. E pelo grito incessante de "Vida", enquanto a vida insiste em lhe apresentar a Morte.

Sentada ali, naquele sofá branco que esclarece de uma vez por todas as origens libanesas, Christiane discorre a sua trajetória com a firmeza de profissional do conto:

– Fui uma criança feliz pelos pais que tenho, a educação que puderam me proporcionar. Meu pai é um desembargador aposentado, detentor de 43 cursos de especialização. Quando ele era juiz de menores acabou se convertendo ao Evangelho e levou com ele os seis filhos para a Igreja Quadrangular. Nessa época eu tinha 14 anos. Meu pai foi um pastor maravilhoso! Eu? Segui os passos dele: também sou pastora. Aliás, pastora, mãe de três filhos, esposa e empresária. Corro o dia inteiro, mas gosto de produzir.

Quando Christiane diz que corre o dia inteiro, ela não exagera. Levanta-se cedo, daí a sua vida se divide entre a igreja, a casa, os filhos, a neta – filha da sua primogênita, Daniele –, a confeitaria – esta possui uma bela história; fruto da determinação de Chris, como tudo em sua vida:

– Casei-me aos 19 anos e logo tive meu primeiro bebê. Tanto eu como o Gilmar éramos muito novos, sem dinheiro. Eu dava aulas de piano, mas quase morria de fome por ter pena de cobrar dos alunos – a maioria dizia "Tia, esse mês o pai não pode pagar". Eu deixava acumular um mês no outro, e no outro. O Gilmar ganhava dois salários mínimos. Meu pai ajudava-nos, mas não dá para viver de dinheiro de pai eternamente. Sem saber como ganhar a vida, e já com o segundo filho nascido, segui o conselho de minha mãe: fiz um curso de bombons e comecei a vendê-los na cantina da igreja.

Chris prometeu a Deus doar 10% do lucro à igreja. Coincidência ou não, a confeiteira começou a receber encomendas vultosas. Da cantina da igreja à confeitaria premiada pela revista *Veja*, já se passaram 25 anos de muito trabalho e dedicação da proprietária, que confessa:

– Valeu a pena as noites carregando a Daniele e o Rafa da casa da minha mãe para a nossa, só para dormirmos pertinho das crianças. Hoje a confeitaria é considerada uma das melhores de Curitiba, porém eu não faria de novo. A morte do Rafa me ensinou que se pode ter uma vida sem tantas coisas, ter menos enfeites, cortinas, quadros em casa; desfrutar mais tempo com os filhos. Não só pelo filho que se foi, mas pelos que ficaram. Eu aprendi isso mediante muita dor.

"Rafa" é o apelido carinhoso dado por ela ao segundo filho, batizado pelo casal Yared como Gilmar Rafael, de cujo nome ela nunca gostou. Dizem que coração de mãe sabe tudo; a julgar pelo de Christiane, parece verdadeiro. Ela veio a descobrir mais tarde que o nome do filho significa "o resgatado". Foi exatamente o que aconteceu na noite de sete de maio de 2009, pouco antes do acidente que tirou a vida do rapaz de 22 anos.

Na dúvida se o filho pressentira a morte, com a voz carregada de emoção, mas sem perder a força que lhe parece brotar das entranhas, Christiane recorda o último dia na companhia de Rafa:

– Sete horas da manhã Rafael passou na confeitaria, pegou doces, salgados, refrigerantes e levou à faculdade. Ele deu uma festa de despedida aos amigos, pois iria para a Austrália, estudar. Achei esquisito e, na hora do almoço, perguntei a ele por que dar uma festa de despedida faltando ainda dois meses e meio para a viagem. O Rafa era muito brincalhão e nem me deu ouvidos, contou que foi ótima a festa, tiraram muitas fotos, e pôs-se a me mostrar a foto do seu passaporte dizendo como ele era a coisa mais linda que eu havia feito na vida. De fato, o Rafael era um rapaz muito bonito. Chamava a atenção de cima dos seus 1,98 m, 98 kg, "barriguinha tanquinho", como ele mesmo definia. Ninguém, muito menos eu, mãe, ficava impune diante dos dentes perfeitos que ele exibia ao sorrir. Vencida pelos olhos graúdos cheios de alegria, eu deixei aquilo para lá, continuamos a comer.

No fim do almoço, ele beijou a irmã, a sobrinha, a mim, dizendo que me amava. Subiu ao estúdio do Gilmar, o beijou, dizendo-lhe que o amava muito e saiu correndo. Foi a última vez que o vimos. – completa Chris, com a voz embargada, e continua: – Naquela noite, o Rafa resolveu voltar à presença de Deus, ele deixara de frequentar a igreja desde os 18 anos por causa de uma desilusão amorosa. Telefonou ao Antônio, um amigo de infância, e o convidou a ir à igreja. Antônio relutou, dizendo que estava cansado e que constantemente o chamava em vão; nessa noite não estava disposto. Mas Rafael insistiu, e o amigo cedeu, acompanhando-o à igreja.

A pregação do culto era sobre resgate. Sobre o fato de Jesus ter vindo para os doentes, não para os sãos. Para resgatar os perdidos. O pastor convidou aqueles que queriam mudar de vida a irem até a frente para serem resgatados por Jesus. Rafael foi o primeiro a se levantar. Antônio contou que foi emocionante, pois o Rafa chorava muito, contagiou as pessoas com a sua fé. Ao voltar para o banco, colocou a mão na perna do amigo, dizendo: "Antônio, hoje Jesus me resgatou. Domingo é dia das mães, e eu vou presentear a minha mãe com meu retorno à igreja".

> *A morte do Rafa me ensinou que se pode ter uma vida sem tantas coisas, ter menos enfeites, cortinas, quadros em casa; desfrutar mais tempo com os filhos. Não só pelo filho que se foi, mas pelos que ficaram.*

Em seguida ambos foram comer pizza. No meio da conversa, Rafael disse que pretendia voltar a ajudar nos trabalhos evangélicos, pois somente Deus pode mudar o ser humano. O Rafa era muito preocupado com o ser humano, tanto que um dia me disse que se formaria em Psicologia e iria tratar de jornalistas. Na visão dele, o jornalista sofre muito, porque conhece a verdade, mas tem que burlá-la; se a trouxer à tona pode perder o emprego. Tal conflito de valores faz a alma desse profissional demasiadamente sofrida. Rafael achava que podia amenizar o drama dessas pessoas. Muitas vezes ele demonstrava sua preocupação em ajudar a sociedade em geral, nem que fosse saqueando o seu armário em prol de quem necessitava; como fez com o casaco da Mormaii, uma peça cara, e ele, sem pestanejar, deu ao primeiro que reclamou frio. Eu já havia me acostumado com as suas excentricidades. Na verdade, como ele me ensinou, era apenas roupa, é apenas dinheiro; tudo vai passar. Isso é bobagem.

Por volta de meia-noite, quando ambos se preparavam para irem embora, Carlos Murilo telefona ao Rafael pedindo carona. O meu filho era o "amigo do carro", todos ligavam e pediam carona; já ocorreu até de ele levar uma amiga que estava de mudança para Ponta Grossa. Para o Rafael não havia hora ou distância – impressionante! Claro que, mal se despediu de Antônio, correu ao shopping onde esse outro amigo trabalhava e o apanhou. No iPhone ficaram as últimas palavras: "Cara, *tô* indo embora, vai descer ou não vai?". E o Carlos: "Aguenta aí, estou descendo". Ambos morreram no acidente. Terrível, meu Deus, terrível!

Logo que Rafael entrou na Rua Monsenhor Ivo Zanlorenzi, foi atingido pelo supercarro do deputado Fernando Carli Filho, "a mil por hora". O impacto foi tão violento que a cabeça do meu filho foi decepada pelo veículo do deputado. De acordo com os peritos que buscamos em Porto Alegre, considerados os melhores da América do Sul, especialistas em acidentes com aviões, o Rafael não viu o carro, tampouco teve chance de manobra. A velocidade do outro era tamanha, que se num segundo prevê a segurança da conversão, noutro o automóvel aparece do nada, como aconteceu. Para entender, é preciso conhecer a rua. No ponto do acidente, há um aclive e em seguida um declive, formando um arco mais ou menos protuberante: o Rafa entrou no declive da rua, e o automóvel do deputado, que vinha "a toda", foi impulsionado pelo aclive a ponto de saltar mais de metro do chão e decepar o meu filho. Carli dirigia a mais ou menos 191, 75 km por hora – e só digo mais ou menos porque a fita do posto de gasolina que fica próximo ao local do acidente foi adulterada, senão teríamos a velocidade exata.

....

Na verdade, como ele me ensinou, era apenas roupa, é apenas dinheiro; tudo vai passar. Isso é bobagem.

....

Se não bastasse o meu filho ser morto após engatar a segunda marcha no veículo, a 30 km por hora, usando cinto de segurança, sem nem uma gota sequer de álcool, ou seja, totalmente correto, ainda tenho de conviver com as "histórias" da perícia do Paraná; o IML fez uma reconstituição que chegou a ser cômica. Afinal, o assassino do meu filho é um deputado estadual, alcoolizado nessa noite, mas deputado. E o que é pior, fazendo racha, segundo testemunhas, com o filho do prefeito de Curitiba, cujo pai é o favorito na disputa pelo Governo, de acordo com as pesquisas, e sua posição social e política inibe tais testemunhas de oficializarem o que me contam. Relatam pensando abrandar a nossa dor, mas o depoimento delas é que vai saciar o nosso desejo de justiça, não palavras sopradas ao pé do ouvido, confessadas com o tom do medo de possíveis retaliações.

Enquanto a polícia se ocupava sabe-se lá com o que, sem me avisar sobre a morte do meu filho, eu dormia pesadamente. Até que dois agentes funerários bateram à nossa porta em busca de negociarem o caixão. Atrapalharam-se ao perceber que nem eu nem Gilmar sabíamos de nada. Um dizia que o Rafael estava muito mal no hospital, enquanto o outro dizia que ele havia morrido. Deixamos os dois falando sozinhos na portaria e corremos ao telefone. A polícia transferiu a ligação para os bombeiros, e eu perguntei: "Por favor, estão dizendo que o meu filho sofreu um acidente, mas acho que é um assalto." – porque eu desconfiei que os agentes fossem assaltantes – "Não pode ser verdade". Do outro lado da linha, o bombeiro tapou o fone e falou com o colega: "Tenente, é uma das mães daqueles rapazes que entraram em óbito". Ao ouvir tais palavras, as minhas pernas tremeram, as mãos esfriaram e eu perdi a capacidade de pensar, entrando num pesadelo sem fim.

Enquanto eu chorava o meu filho, provas incriminadoras sumiam; enquanto eu processava o luto, testemunhas mudavam sua versão. Restava apenas a constatação do envolvimento do deputado Carli, mesmo porque não tinha jeito, ele tinha diversas escoriações pelo rosto, denunciando o acidente.

Parei de chorar e fui à luta. Aliás, não parei de chorar, não; choro até hoje e chorarei o resto da vida de saudades do meu pedaço Rafael. Enchi o peito de força, dessas que a gente não sabe de onde vêm – somente Deus e a minha fé Nele para explicar –, e fui em busca de justiça. Entretanto, a justiça é cega para uns e muda para outros. Não desisti, não me prendi à dor da perda, tampouco da injustiça que estraçalha meu coração.

Em vez de enterrar um filho, eu plantei um filho – exclamou Christiane, emocionada.

Enquanto Christiane atendia a uma ligação urgente, fiquei observando-a. Após perder um filho de maneira tão brutal, tragédia que deixa muitas mães em estado "zumbi" por tempos, às vezes pelo resto da vida, aquela mulher transmitia tanta força no olhar, tanta firmeza na voz, que me deixava embasbacada. Imaginei-a antes do acidente. Ela devia ser dessas pessoas que se ligam na tomada no dia do nascimento e só se desligam quando falta pouco para o fim de suas existências. Admirável: é o substantivo que tenho para defini-la. Mulheres como Christiane nos impelem a colher o sumo exalado de seus poros para com ele confeccionarmos em nós o manto energético que parece envolvê-las.

Ao desligar o telefone, Christiane mira o LCD preso à parede, e seus olhos vidram ao lembrar que o aparelho pertencia a Rafa. Nele, o filho assistia aos seus jornais preferidos. Rafael se interessava pelos noticiários mais do que como mero espectador, seu foco era o âncora e a sua capacidade de "falar" a verdade pelas entrelinhas. Após a morte de Rafael, Christiane e Gilmar desmancharam o apartamento que haviam montado para o filho quando a tranquilidade do condomínio foi de encontro às aspirações de Rafael; o rapaz preferiu viver próximo aos locais onde se divertia. Diversão, porém, para Rafael, passava longe da desfrutada por jovens da sua idade. Não havia vícios, nem noites regadas a álcool, como afirmam conhecidos dele na Primeira Igreja Batista de Curitiba.

Há um ano o acidente de Gilmar Rafael Yared e Carlos Murilo ocupa a mídia local, fruto da luta incessante de Christiane e do esposo em busca de justiça. Para alguns paranaenses, como o taxista que me levou à mansão Yared, é "um exagero da mãe". Há os que ironizam o fato de a morte de Rafael parecer ser a única no Estado. A essas pessoas, Christiane devolve resposta firme: "Sim, acidentes acontecem todos os dias, mas eu não aceito enterrar um filho, plantarei um filho e regarei a terra com lágrimas que vão valer a pena, pois colherei frutos" – disso Chris não tem dúvidas.

Mas nem só de ignorância vive o Paraná; ao contrário, a maioria da população, para o alívio dos crentes na salvação do homem, se solidariza com a batalha dessa mãe incansável, que busca justiça não só para o seu filho, mas para os filhos de outras famílias; que engole a sua dor para consolar a dor de outras mães que não conseguem se reerguer sozinhas e "plantar o filho". No primeiro momento, a frase me soou estranha, mas Christiane, com a arte da eloquência que lhe é intrínseca, fez-me compreender:

– É quando você entende que a morte não venceu. Creio que a morte vence quando ela entra na tua alma e te mata junto. Daí você passa os dias deprimida, num quarto escuro – nega qualquer manifestação da vida para chorar o filho morto. Ora, você pode chorar teu filho e dar continuidade à tua família, ao teu trabalho e, o que é mais importante, fazer diferença no mundo, mudar o que está errado; se é a legislação, então, vamos modificá-la. O povo pode promulgar leis, basta unidade.

Eu vejo – continua Christiane, persuasiva – uma grande cidade iluminada e penso: ela é feita de luzinhas, e, se apagarem aqui e ali, nosso país irá se transformar em completa escuridão. Portanto, restaurar a família após uma perda tão significativa como a de um filho é a primeira tarefa da mãe. Ela deve se reestruturar, compreender o momento pelo qual está passando e aceitar. A morte é um aprendizado. Ninguém diz à mãe na maternidade que aquele bebê será arrancado dela, mas, se isso acontece, é preciso parar de culpar a Deus, a vida e assumir a sua parcela de culpa. Sim, temos culpa pelas mortes dos filhos ceifados pelo assalto, sequestro, acidente de trânsito, pois, o que fazemos a respeito? Nada. A impunidade está aí fora, o bêbado e o drogado ao volante, também. Mas somente quando a violência entra na sua casa é que você se sente incomodada. Enquanto ela está nos jornais e nas estatísticas, você não se importa. Vivemos em pequenas fortalezas, completamente alienados do mundo do outro.

Somente o deputado responsável pela morte do meu filho continua dirigindo sem carteira, bêbado e drogado pelas ruas da cidade? Não. Existem diversos Carli no Brasil que não têm a menor noção do valor da vida de um estranho; pessoas que retornam de um churrasco, embriagadas, e não são capazes de utilizar o serviço de táxi. Aventuram-se pelas rodovias e, um dia, matam o filho de alguém. Por que não agir por prevenção? Exigir justiça no país é obrigação de todos, em todos os níveis.

Aos 20 dias da morte do Rafael, uma mãe me ligou. Essa mãe estava com 42 kg, morrendo com câncer no pâncreas. A doença dela era consequência da imensa tristeza sentida pela morte do filho, Danilo. Após chorarmos muito, ela, Sueli, me contou que um policial entrou em sua casa, na hora do almoço, e executou o filho pelas costas. Ele havia confundido o rapaz com um traficante procurado e, ao perceber o seu engano, pediu desculpas e saiu. Eu pensei: Deus, que terrível ver o filho morrer dessa maneira, e injustamente!

Num momento mais calmo da conversa, eu perguntei se havia outros filhos, marido... Ela disse que sim. Rapidamente aconselhei-a se esforçar em busca da cura, pois a família dela precisava da sua força e orientação.

Mas Sueli acreditava não ter força para se reerguer. Eu sou uma mulher crente em Deus, e é Ele que me levanta todas as manhãs. Por isso, sugeri que orássemos em prol da saúde dela.

Passada uma semana, a Sueli voltou a me ligar, dizendo que havia dormido melhor naqueles dias e gostaria de orar comigo novamente. Eu perguntei à Sueli se, caso Deus a curasse, ela se comprometeria a colaborar com a ONG que eu estava criando. Sueli disse que não havia esperança, e os médicos mandaram-na morrer em casa. Fiquei brava, pois a desistência mexe comigo para valer, e disse: "Conheço um Deus a que nada Lhe é impossível e tudo pode". Oramos, e eu voltei ao projeto.

Em mês e meio, o telefone volta a tocar; do outro lado da linha ouço a voz animada da Sueli, dizendo que o câncer havia sumido e que ela estava ótima, até havia pintado o cabelo e já estava pronta para me ajudar no projeto. Atualmente, a Sueli é grande colaboradora da ONG, participativa nos encontros de mães realizados às terças-feiras.

O NAVI (Núcleo de Apoio à Vida) nasceu para assistir mães que perderam seus filhos nas situações mais adversas. Lá elas recebem apoio de psicólogos, advogados, assistentes sociais, além de encontrarem um lugar para desabafar sua dor. Ao chegar à ONG, as mães percebem que não são as únicas que perderam o filho; existem outras, e atuar para a mudança da legislação brasileira é a maneira de plantar esse filho, pois enterrá-lo, jamais. A lei no Brasil requer modificações urgentes; aqui, sonegar leva o infrator à prisão, matar um pássaro silvestre, idem. Matar no trânsito...

Em geral, a primeira pergunta das mães é: "Por que Deus permitiu?". Ora, Deus nos permite agir e colher os frutos da ação. Cabe a nós escolhermos a postura frente à vida. Se eu acho que um juiz está correto em aplicar pena de 100 cestas básicas ao infrator de trânsito, eu mereço a violência em que o Brasil vem se transformando. Afinal, quantas cestas básicas valem um filho? Cem, mil? Um absurdo! Mas é lei. Devo aceitar ou lutar para modificar? O futuro do homem é resultado de suas decisões. A religião chama isso de livre-arbítrio. Ele é real, suas consequências também.

Lutar por um mundo melhor é obrigação do ser humano, não de Deus. Perdeu o filho para o crack? Lute para que outros não se envolvam com as drogas. Seu filho morreu de beber? Lute contra o alcoolismo.

Ah, seu filho morreu de câncer ou de infarto? Busque recursos para hospitais que mal param em pé devido à falta de verbas; visite esses doentes, quem sabe o caso deles tem solução e você pode ajudar? O inadmissível é fazer da morte do seu filho um motivo para fugir às obrigações sociais e morais de cidadão.

Há mães que preferem a escuridão. A escuridão é confortável, nela não há necessidade de procurar forças para colocar o pé no chão pela manhã, desenvolver as tarefas, fazer sua parte no mundo. No quarto, você pode se jogar na cama, usufruir das benesses da depressão, sem culpa, sem julgamento, pois, afinal, irão olhar para você e sentir pena – você está perdoada, perdeu um filho. A perda, por si só, é a desculpa perfeita para a fuga das responsabilidades. O que essas mães não percebem é que elas matam o marido e os outros filhos com elas, desmantelam a família inteira. A essas eu pergunto: "Quem disse que a sua dor tem o direito de destruir o outro? A morte do seu filho não pode se transformar numa arma a ser utilizada para exterminar a família inteira".

A morte é um aprendizado. Ninguém diz à mãe na maternidade que aquele bebê será arrancado dela, mas, se isso acontece, é preciso parar de culpar a Deus, a vida e assumir a sua parcela de culpa.

Há o tempo do luto. Mas você pensa que a dor passa? Não, a dor será a sua eterna companhia, a lacuna não será preenchida por nada, tampouco pelos outros filhos. Entretanto, acredite, se você morrer junto com o seu filho amado, simplesmente acaba tudo. Eu choro diariamente a falta do Rafa, mas sorrio aos outros filhos, à neta. Não me excluo da vida deles, ao contrário, procuro ser presente, ajudando-os a vencerem seus obstáculos. Se a perda do Rafael abriu um buraco em mim, perder o marido, a neta, os outros filhos me mataria.

Vivenciei vários estágios da dor; passei pela dor da revolta, depois a dor da perda, e finalmente a da aceitação – esta é a mais complicada, porque não tem volta. Mesmo crendo na eternidade, no reencontro com o filho um dia; saudade é saudade.

Ademais, no Céu não há parentesco, lá somos irmãos. Não há pai, mãe, filhos. Foi muito difícil entregar o meu filho a Deus, porque eu sabia que, no momento da entrega, ele deixaria de ser meu filho. Jesus falou: "Eu sou o primeiro de muitos irmãos".

Lá, meu filho tornou-se meu irmão, aqui na Terra a semente "Rafael" brotará em árvore frondosa, onde mães poderão descansar da sua dor e manter as luzes da cidade acesas – finalizou Christiane.

Levei alguns segundos para desligar o gravador. Minha atenção estava voltada para as palavras de Christiane, que nos penetram e fazem pensar: Será que eu conseguiria me reerguer assim? Perder um filho é mais que uma ferida a cicatrizar, é existir em carne viva, pois subverte a ordem cronológica, alterando valores e hábitos.

A dor de perder um filho não tem nome. Ao perdermos os pais, tornamo-nos órfãos; o marido ou a mulher, viúvos. Perder a extensão do seu corpo, do seu sangue deve ser como Christiane afirma: "escuridão". Sair dessa escuridão em que dor e sofrimento nos abatem sem tréguas é ato incompatível com a força humana. Entretanto, quando não se pode vencer, é possível adaptar-se, ou seja, encontrar a maneira de conviver com essa dor sem Nome. "Ocupar-se, ocupar-se", diriam os psicólogos. Christiane criou a sua receita: plantou o filho e se ocupa de ele se transformar em árvore, gerar sombra e proteção a outros garotos que correm o risco de morrerem no trânsito, diariamente; e de iluminar a escuridão de outras mães.

Temperar a "ocupação", sugerida pelos estudiosos da mente humana, com uma pitada de solidariedade, certamente garante êxito à receita; muito provavelmente a impede de desandar.

O empresário da diversidade humana

EXECUTIVO DO MERCADO FINANCEIRO, Humberto Alexandre sofreu um acidente numa rodovia em São Paulo. Voou pelo para-brisa e foi atropelado pelo próprio carro. Socorrido de maneira errada, acabou ficando paraplégico. Perdeu tudo, inclusive a esposa, que, ao pedir o divórcio, justificou: "Você não é mais homem". Resolveu dar a volta por cima e, hoje, é consultor na área de diversidade humana e instrutor de aviação.

*Na totalidade imensa da criação
observa-se que, apesar da sua diversidade humana,
todas as criaturas têm uma tarefa particular a cumprir.*

Textos Judaicos

Você sabe quantos degraus tem a escadaria da sua casa? Quantos passos da cozinha à sala de estar? O tempo médio para completar o percurso entre o estacionamento e o escritório? A arte de trocar uma lâmpada? O prazer das cócegas nos pés? Quantas pessoas são necessárias para inviabilizar a sua entrada no elevador com capacidade para 500 quilos?

Eu sei. São 52 degraus até a porta do meu apartamento; o trajeto da cozinha à sala de estar, 15 passos; numa caminhada moderada, levo quatro minutos do estacionamento ao escritório; mesmo enfrentando o medo de altura, trocar lâmpada é exemplo de autossuficiência; deleito-me com a massagem nos pés; finalmente, seis pessoas lotam um elevador de pequeno porte.

Você deve estar se perguntando quem em sã consciência observa ações corriqueiras. No dia a dia em que mal temos tempo de cumprimentar o vizinho, se ater a esses detalhes é, no mínimo, maníaco por matemática, conclui você. Grande engano. Eu não responderia a nenhuma das questões anteriores, até quando, no mês passado, alguém me perguntou: "Você sabe o prazer de subir um simples degrau?". A minha reação foi, como dizia minha avó, encarar a pessoa com *cara de tacho* (face enrubescida exprimindo o vazio); nada havia a dizer. Ora, subo e desço degraus duas, três vezes ao dia, em todas elas foco a reunião a realizar, o compromisso a cumprir, tarefas diárias que se tornam o centro das atenções devido à urgência ou à importância; acessar a escada é "automático", desnecessário dedicar-se. Isso porque tenho pernas perfeitas.

Ver o mundo sobre cadeira de rodas é outra história: bastariam dois ocupantes para inviabilizar o acesso ao elevador de seis lugares; a troca da lâmpada ocorreria mediante a contratação do eletricista; a falta de sensibilidade impede experimentar a terapia de relaxamento via pés conhecida como *foot-massage*. Entretanto, questionaria você: "Para que se ater a irrelevâncias quando se é fisicamente saudável?".

O hinduísmo ensina que ninguém "é" ou "possui", e sim "está" ou "usufrui". O que supostamente temos num momento, perde-se no outro; o carro, a propriedade, a alegria, a saúde, a vida. Humberto Alexandre Gennar sabe bem o que digo. Num instante, numa fração de segundo, seu horizonte foi alterado. Antes, do ato de seu 1,80 m, ele, de repente, passou a avistar o mundo a pouco mais de 60 cm – altura aproximada do assento de sua cadeira de rodas. A mudança foi rápida e imprevisível, mas quanto o novo ângulo influenciou os valores do empresário? É Humberto Alexandre quem responde:

– Trabalhava no mercado financeiro – num banco, alto salário e 24 horas de tensão. Mal tinha tempo de descansar, no máximo uma semana de férias e já voltava para a loucura do serviço executivo. Para mim, a vida se resumia em dar conforto à família, carro do ano, frequentar restaurantes sofisticados. Em função do que acreditava ser a realização do homem, mergulhei no trabalho. Quanto mais dinheiro ganhava, maiores eram os meus projetos. Resumi a vida a conquistas financeiras, enquanto os verdadeiros prazeres moram nos detalhes.

Humberto recorda o acidente como algo distante, resolvido:

– Meu acidente aconteceu numa rodovia do interior do Estado. Voltava de Serra Negra, por volta de uma hora da tarde. Apesar de ser feriado, véspera do aniversário de São Paulo, não havia ingerido álcool e mantinha marcha normal entre 100 e 110 km/h. Estava cansado, mas não sonolento. Foi tão repentino que não me recordo de nada. Dizem que fui para cima do caminhão. A rodovia é estreita, e bati de frente com o caminhão. Sem cinto de segurança, o choque me jogou pelo para-brisa, e o meu próprio carro me atropelou.

Se naquela época tivesse apoio nas estradas teria ficado engessado por seis meses e voltaria a andar, mas o socorro foi feito por pessoas comuns, que, ao me pegarem de maneira incorreta, fraturaram-me a coluna. Nem tenho ideia de quem me socorreu, mas sei que houve erro por ignorância de procedimento, o que é compreensível, por essa ou essas pessoas não serem médicos, e sim cidadãos à beira de uma estrada tentando fazer o melhor. No fim, salvaram a minha vida.

Quando acordei do coma, os médicos e a família me rodeavam sem saber como me contar que ficaria paraplégico para o resto da vida; a lesão sofrida na medula é irreversível. O lado positivo é não ter dificuldade de respirar, pois a lesão torácica na quinta vértebra não compromete os pulmões. Também tive sorte em não perder os movimentos dos braços, o tetraplégico é mais dependente de assistência que o paraplégico. Tentaram me esconder a notícia por um tempo. Ao saber do acidente, das consequências, neguei o destino, pensei comigo: não aceito, não quero a vida assim, vou vencer. Cheguei a estipular prazo para voltar a andar.

Em casa, me tranquei no quarto. Acordava com a impressão de aquilo não ser real. Era apenas um pesadelo que passaria. Mas as manhãs me escancaravam a dura realidade: nunca mais voltaria a andar. Chorava muito. Passava os dias entre lágrimas e revoltas.

O banco havia me demitido. Fizemos um acordo, digamos assim... Hoje percebo que foi por preconceito, mas, na época, cheio de dívidas, sensível pelo momento, aceitei sem questionar.

> *Resumi a vida a conquistas financeiras, enquanto os verdadeiros prazeres moram nos detalhes.*

O casamento, que já não andava grande coisa, definhou. Há 22 anos não havia sistema de cotas como atualmente, deficiente físico não arranjava emprego, e a conta dos 31 dias de hospital foi uma fortuna. Comecei a vender os bens, pagar as dívidas, mas não havia bens que chegassem, o dinheiro só saía. Eu, doente, desempregado, sem dinheiro e na cadeira de rodas... Foi pressão demais; a família não suportou.

Quando o relacionamento entrou num nível crítico de desgaste, deixei a esposa à vontade para partir. Uma relação sustentada em mágoas e brigas não tem futuro. Na última discussão, em que ela me agrediu dizendo que "nem homem eu era mais", decidi pela separação e fui cuidar da minha vida.

Hoje não existe rancor, desejo a ela todo o bem deste mundo. De fato, a mágoa não era pontual, e sim relativa aos acontecimentos. É duro você, com ótimo salário, vida estável e que prometia sucesso, de repente, perder a metade do corpo e com ele a sua família, o seu emprego, enfim, ver tudo o que você construiu escorrer pelo ralo. Perdi tudo. Houve momentos em que não achava motivo para continuar vivendo.

O homem passa por estágios na tragédia, daí escolhe entre sucumbir ou superar. Após a fase da negação, a realidade cai como bomba no seu colo – vem o desespero. Como que por encanto, um dia, aceita-se a realidade; junto dela, a escolha: morrer ou lutar. Ao perceber a mudança e a impossibilidade de retornar ao passado, eu pensei: bom, já que vou ficar assim, inserido em rodas, vou viver da melhor maneira possível.

A mudança não é fácil, mas se ela é inevitável, você tem que tirar o melhor proveito. É isso ou o futuro vai encarcerar você entre quatro paredes de solidão. Fuga não é solução para problema algum; agrava o sofrimento, isso sim.

No princípio sentia uma vergonha enorme do meu corpo. Se o ser humano tem dificuldades com a calvície, a obesidade, imagine eu, paralisado da cintura para baixo, com os membros se atrofiando aos poucos. A vergonha é o principal motivo de isolamento do deficiente físico. Em seguida, a sensação de fim, de nunca mais retomar as atividades. Na verdade, não se retoma nada, se ajusta... se ajustar às situações é a solução.

Muitas vezes, a gente pensa que a vida acabou, mas a vida continua. Numa condição diferente, mas continua! Aceitar as mudanças foi vital, fez-me descobrir maneiras diferentes de realização. A capacidade não está encerrada a pernas e braços... – interrompeu Humberto ao perceber que os meus sentidos bebiam avidamente cada palavra.

Surpreso com o meu olhar atento, quase hipnotizado pela história, ele questiona como eu interpretei a fala dele. Na verdade, é impossível que as palavras de Humberto não nos envolvam. Levantar dos nossos porões futilidades que se fizeram tema de conflito, dúvidas transformadas em assombrações profissionais, amorosas, existenciais, e vê-las de fora – e Humberto tem a capacidade de fazer nos vê-las de fora faz com que elas se tornem pequenas, insignificantes.

Seguro do seu ponto de vista, Humberto exclama:

– O dia a dia é de uma riqueza sem fim, e nem percebemos a grandeza das pequenas coisas. Estamos sempre em busca das grandes, de sonhos distantes, e, enquanto eles não chegam, bancamos o avestruz – enterramos a cabeça no trabalho, na rotina. Acredito que a vida dá na medida em que aprendemos a valorizar o que já temos. É impossível viver a vida como um deus, onipotente, agindo como se tudo girasse em torno de nós, criado para nosso uso exclusivo. As pessoas precisam de amor, família, amigos; o deficiente físico, principalmente. Partilhar triunfos em vez de colecionar troféus.

No começo queria mostrar que venceria sozinho. Mas quem vence sozinho? Hoje, faço questão de receber ajuda. Ao assumir o sustento da família, responsável por tudo e cada coisa, sem permitir parcerias, talvez estivesse errado. Muitas vezes temi não dar conta, não fazer direito. Tive de cair numa cadeira de rodas para aprender a arte de viver coletivamente. O mundo é assim, agora eu sei: ajudar e ser ajudado, dividir tarefas, responsabilidades.

Depois de matar o "coitadinho de mim", aprender que o mundo é uma arena em que só vale combater ajudando e sendo ajudado, que as ações dão fruto quando beneficiam o grupo, passei a me sentir muito bem. Aprendi que a vida é maior que pernas, membros, ela está na mente. Foi preciso ver o mundo através da cadeira de rodas para me dar conta do quanto é fortalecedor brincar com um filho, colocá-lo no colo. Pequenas coisas, mas grandes gestos de amor que a rotina de executivo não me deixava experimentar.

Acertei as contas com Deus também. Depois de tempos brigando com Ele, senti Seu abraço terno me confortando, dizendo para mim que naquela tarde, enquanto eu colhia o resultado dos meus atos, Ele estava ao meu lado, impedindo que eu morresse sem conhecer a beleza de viver, sem usar o dom da inteligência que me foi agraciada ao nascer em favor das pessoas, em vez de queimar neurônios com o mercado financeiro, generoso com uns e impiedoso com a maioria.

Faltava-me praticar a máxima. Sacudi a poeira e fui buscar a sobrevivência. Vendi cachorro quente em frente a uma faculdade, abri loja e quebrei, até que resolvi unir a formação acadêmica – sou administrador de empresas – e a experiência adquirida pela deficiência física na administração de pessoas numa grande empresa.

É engraçado porque, antes do acidente, não havia tempo para me dedicar a nada além de mim e dos bens materiais, e atualmente mal sobra tempo para cuidar da vida pessoal. Dou aulas em três companhias aéreas, instruo os profissionais a lidarem com a diversidade humana. A rotina de quem trabalha nessas empresas é bastante estressante. Numa controvérsia, muitos deles têm medo de voar, outros enfrentam sérios preconceitos, que vão de raça até o passageiro obeso; pressões que se manifestam por meio de mau atendimento ao cliente. Faço trabalho de responsabilidade social em universidades, tenho uma empresa de treinamento e consultoria.

A "Melhorando Pessoas" é um desafio de humor. Ninguém melhora se não quiser, e falta à maioria das pessoas vontade de crescer. Tenho dúvidas se é consciente ou inconscientemente que o ser humano luta para cair na rotina... trabalha por trabalhar, passa o dia em cima do relógio como se não quisesse perceber o dia em si.

Na questão profissional creio ser mais grave ainda: o funcionário pega o telefone no meio do trabalho e fica quase uma hora conversando com o amigo. Da carga horária de oito horas, um terço é perdido em cafezinhos, bate-papos. Há certa desobrigação com o compromisso, expressa via embromação, má-execução das tarefas. Basta chegar a um guichê e você se deparará com a atendente fazendo mil coisas, menos fornecendo a informação pela qual ela é paga para dar. Peça água dentro do avião fora do horário de lanche e esperará uma eternidade para recebê-la – se receber. Necessite de um advogado e conhecerá o que é perder prazo, porque ele não se apaixona pela sua causa. E na vida, tudo é paixão.

As pessoas precisam de amor, família, amigos; o deficiente físico, principalmente. Partilhar triunfos em vez de colecionar troféus.

O profissional apaixonado sabe que oito horas diárias é muito tempo para se perder. Se você decidiu seguir aquela carreira, tem de dar o máximo de si, não para o patrão ou para a empresa, mas para si mesmo, para não perder o seu tempo. O tempo de existência, limitado entre o nascimento e a morte, é segredo para os mortais. Se você afundar o corpo numa cama, o tempo perdido será um peso quando se desligar da vida.

O brasileiro protesta contra o governo, mas é o indivíduo que precisa de sérias modificações. Por trabalhar com diversidade humana, lidar com minorias, ouço reclamações assustadoras. Vá se consultar para se estarrecer quando a médica vier falar com você, sem ideia do que examinar, pois para ela você não é humano, e sim prontuário. Eu mesmo vivi isso: a médica aproximou-se e me perguntou onde doía, respondi que não sabia, pois não sentia muito do meu corpo. Ela sorriu *amarelo* e replicou: "Como vou examiná-lo sem saber onde dói?!". Fiquei lá, avaliando quem era o doido... Se ela, médica, não sabia examinar um lesado medular, quem saberia?! Resta ao doente morrer em casa. Esse profissional é ruim? Não. A maioria comete tais absurdos por trabalhar ligado "no piloto automático" – executa tarefas sem se envolver, vive superficialmente.

O "Melhorando Pessoas" foi criada para despertar o sujeito para o fato de que há no dia algo além da rotina. Se eu consigo crescer de cima de uma cadeira de rodas, os que se locomovem com as próprias pernas podem fazer melhor. Tudo se resume em acreditar no próprio potencial.

Palestro para grupos de executivos. Os trabalhadores de grandes empresas geralmente se deprimem devido à constante pressão. Já passei por isso de viver escravo de metas, expectativas frustradas de negócios não vingados. O executivo acaba por colocar um muro na frente dele, só enxerga dificuldades. Ele tem de entender que o verdadeiro empresário tem a mente aberta, ou seja, ele vê a superação, e não o problema.

Focar o obstáculo é escorregar por um labirinto difícil de sair. Consumir energia com o problema é burrice, devemos canalizá-la para a solução. Quando digo essa frase nas palestras, os empresários ficam lá, encarando-me com ares de "isso todo mundo sabe". Aí eu completo: "Parece simples, do conhecimento geral, mas conhecimento serve para praticar, e não para arquivar na estante da memória".

Uma vez, palestrei aos profissionais de um laboratório que não conseguiam cumprir a meta estabelecida para venda de um remédio na área de Oncologia. Eles diziam o seguinte: "*Pô*, estamos vendendo remédio pra gente que vai morrer. Quem está morrendo não se interessa por nada". Esclareci aos participantes: se você sair de casa para vender, não venderá nada. Agora, se sair convicto de que todo ser humano morrerá e seu trabalho pode ajudar alguém a morrer com dignidade, sem dor, pode melhorar a qualidade de vida ou de morte do sujeito, venderá. É uma questão de mudança de perspectiva.

A cadeira de rodas me ensinou que o trabalho não é bater meta estabelecida, e sim ser útil a alguém. Mais ou menos como postes sustentando fios de alta tensão a transportar eletricidade: não importa aonde a energia chegará, mas sim que ela beneficiará pessoas.

Trabalho é uma roda-viva e deve ser visto como ponto de ligação com o outro. Dinheiro é consequência, e não objetivo. Constatei que, ao movimento universal, importam dois lados: o seu e o do outro. As religiões ensinam a ajudar o próximo porque a roda-gigante gira com todas as cadeiras presas nela e não uma ou outra.

O meu maior objetivo, atualmente, é livrar pessoas do automático. Por haver estado lá, movido pelo botão que transforma o homem num robô, discorro com propriedade. Uma vez ouvi um padre dizer durante a celebração da missa que deficiência física é castigo de Deus. Em casa, perguntei a Ele "Por que eu?". A resposta veio mediante o entendimento do meu acidente. A cadeira de rodas reconstruiu meus valores. Creio haver precisado passar pela tragédia para enxergar a verdadeira vida, para perceber que sou um elo da engrenagem, que faço parte do todo. Antes, meu comportamento era egoísta, os interesses resumiam-se em *minha* família, *meu* trabalho, *meu* dinheiro – como se o mundo tivesse sido criado para o meu desfrute, unicamente.

Aprendi a compartilhar. Já foi dito que Céu e Inferno são aqui. Creio que dentro de nós habitam o anjo e o demônio, fortalece aquele que alimentamos. Procuro alimentar a entidade preocupada em fazer diferença, orquestrada pelo altruísmo. Preocupo-me comigo, com meu bem-estar, desde que esteja em sintonia com o do outro. Há momentos egoístas? Sim, há. Corrijo-os aos poucos.

....

Antes, meu comportamento era egoísta, os interesses resumiam-se em minha *família,* meu *trabalho,* meu *dinheiro – como se o mundo tivesse sido criado para o meu desfrute, unicamente.*

....

Deus me salvou num momento em que a cegueira estava prestes a me matar. Deus não permitiu ao Humberto sair deste mundo sem conscientizar-se. Ele não me pôs na cadeira de rodas, a inversão de valores me jogou aqui. A igreja inexiste para mim, não me apego ao dogma. Deus vive no meu coração, sempre junto, acessível às minhas conversas. Ele é meu melhor amigo, ensinou-me a acompanhar as mudanças, ser autor das mudanças.

Enfrento obstáculos? Sim, vários; embora nada passe sem avaliação do porquê. O problema é uma espécie de mestre que surge para nos ensinar a superar; a lição deve se estender ao outro como benefício.

O meu direito de ir e vir, por exemplo, foi afetado. Veja bem: *afetado,* e não sucumbido. Tenho dificuldade em descer uma calçada, atravessar a rua, chegar aos locais. Locomover-se por meio de rodas não é fácil. Porém, a experiência pode orientar engenheiros e arquitetos responsáveis pela adaptação nas cidades. A rua tem de ser pensada de acordo com a diversidade humana. Não há somente pedestres a transitar com suas próprias pernas. Há necessidade das rampas de acesso, de projetar sinal sonoro para ajudar o cego a atravessar as ruas, enfim, planejar a rua em benefício de milhares de pessoas.

A estatística apresenta um número de deficientes assustador: por dia, 500 pessoas se vitimam com alguma lesão irreversível no país. Não estamos falando de minoria, mas da necessidade de campanhas de educação para o trânsito, de prevenção do glaucoma, de tratamento da diabetes e uma infinidade de fatores responsáveis pelas mais diversas deficiências físicas e gastos sociais.

O Brasil tem uma das melhores legislações do mundo para deficientes, porém o brasileiro a desrespeita. Como trabalho com companhias aéreas, passo a maior parte da semana em aeroportos. O estacionamento reserva vagas para deficientes como manda a lei, mas levo horas para conseguir uma. Outro dia, uma senhora estacionou o carro numa vaga especial, e, ao comprovar que a mulher não tinha deficiência alguma, a questionei. Ela sorriu para mim e saiu mancando, como se tivesse algum problema na perna. É tragicômico!

As lanchonetes dos aeroportos são apertadinhas, quase não cabem os clientes e seus carrinhos de bagagem. Na luta para "estacionar" a cadeira no estreito, a gente acaba esbarrando nos outros. Encostei a roda num empresário, que franziu a testa e saiu batendo o terno como se deficiência física fosse contagiosa. O que dizer ao sujeito? Corra, lave-se, senão você vai pegar alumínio?! Não dá!

O medo do contágio é a parte engraçada no contexto. Duro é a piedade, o preconceito que se manifesta pela pena. Há os que cochicham: "Coitadinho, tão novo". Procuro entender, pois está além do meu poder. O pobre nasceu sabendo se ajudar, a ser solidário; as classes privilegiadas são reféns da intolerância à diversidade. Fazer o quê? É a realidade do país: preconceito contra obeso, baixo, aidético, time de futebol... A sociedade só vai acabar com o preconceito quando entender que a raça humana é formada por um grande grupo de minorias, dividido em classes, clubes, cores e costumes; ignoro-o para ver se o elimino com o desprezo.

O meu preconceito é contra gente de coração duro.

Os deficientes, por sua vez, não são anjos. Há os que se acomodam diante de benesses governamentais. O ser humano precisa se capacitar, porque a deficiência não vai promover o sujeito, tampouco mantê-lo empregado. As empresas custam a preencher as cotas, mas não vão manter o funcionário improdutivo.

Alguns pais me pedem para conversar com o filho deficiente que se enclausurou no quarto. Acontece aquela coisa da identificação: eles me olham e percebem que eu superei, escutam conselhos de quem conhece a causa profundamente; isso eleva a autoestima deles. Chego dizendo: "Oh, levanta logo dessa cama porque as empresas precisam preencher cotas, falta deficiente no mercado". Depois de quebrar o gelo, procuro transmitir o meu aprendizado: "Somos capazes do que nos propusermos; entretanto, evolução requer dedicação". É isso mesmo, é urgente a mudança mental. As pessoas tendem ao negativo, porque o negativo é mais fácil, nele não se necessita lutar, correr riscos. A derrota torna-se culpa do destino, e você, o pobre sofredor sem sorte.

Afirmar "não vai dar certo" é suave, atrás dessa afirmativa posso culpar Deus, a vida, o marido, a empregada. Ela garante o estado vegetativo. Depois, é só seguir o curso do vento, ou seja, reclamar da vida. Reclamação tornou-se remédio genérico doado nas esquinas. As pessoas se cumprimentam, e a simples pergunta de "como estão?" resulta numa onda de queixas. Se chove, reclama-se da chuva; faz sol, reclama-se do calor, e por aí afora. Poucos exaltam a beleza do dia e ousam pensar no quanto a vida é maravilhosa, mesmo com tristezas, amarguras, dívidas. Viver é ato divino.

....

Poucos exaltam a beleza do dia e ousam pensar no quanto a vida é maravilhosa, mesmo com tristezas, amarguras, dívidas. Viver é ato divino.

....

O apego ao fracasso esconde o medo do ser humano de ambicionar. Se ele ambiciona, tem de superar obstáculos, aceitar limitações momentâneas, cair e levantar, pois é indecoroso permanecer no chão. Desistindo, ele pode manter-se imóvel, moribundo. Em vez de usufruir do seu potencial, torna-se vampiro da capacidade alheia. Nem amar o sujeito tenta, ele crê precisar ser amado. Tem jeito de receber amor sem doá-lo?!

Na minha vida em rodas, houve alguns relacionamentos. Não vou dizer que amei outra mulher, porque não amei; mas não desacreditei do amor, não, apenas me envolvi com o coletivo, com o prazer de amar a magia da vida. Não me sinto com tempo a dedicar a uma única pessoa, quero me dedicar às pessoas. Mal tenho tempo de cuidar de mim. Almoço normalmente por volta das três da tarde e, à noite, como um petisco. Às vezes quero iniciar uma alimentação balanceada, pois sou magro por constituição biológica, mas é bom não abusar, e não tenho tempo de procurar um nutricionista. Aos filhos, amores especiais, dedico tão pouco de mim, já se transformaram em homens de 22 e 28 anos.

Encontrei a felicidade num pequeno apartamento adaptado e num automóvel que me possibilita correr do aeroporto ao escritório e das universidades ao meu lar, em São Bernardo do Campo. Creio correr atualmente tanto quanto corria quando executivo de banco, mas com propósitos diferentes. No fim do dia, a produção estende-se à coletividade. Não é esta a obrigação do ser humano?! Viver como parte do todo, sem deixar se iludir pensando que é o centro do universo. Vivo assim – finalizou Humberto Alexandre.

O Nepal é um país pequeno em extensão, mas grande em significado: é o lar do Everest, berço de Sidarta Gautama, o Buda, congrega 12 etnias que convivem pacificamente e permite todas as convicções religiosas. Pontilhado por milhares de templos hinduístas, budistas, o país dá aula de tolerância à diversidade humana ao reconhecer feriados para contemplar todas as minorias étnicas e religiosas, como o Natal dos cristãos.

O importante para o nepalês é a "iluminação" – é o crescimento interior que instrui o ser humano a alimentar o seu lado animal e, entretanto, a privilegiar o espírito, cuja alimentação é baseada na contemplação à vida e à consciência de existir. A alma precisa ser descoberta, questionada, moldada dentro das verdades existenciais para que o seu hospedeiro possa harmonizar a carne e a mente.

Monges do Nepal, vivendo em condições precárias, sem aquecimento, roupas ou alimentação adequados, são felizes porque atingiram certo nível de "consciência", o que os torna menos dependentes do externo. Dizem eles que, se usarmos a inteligência e a memória únicas do ser humano em favor das conquistas materiais, obteremos mais realmente, porém isso não nos fará muito mais felizes ou satisfeitos. Então, é necessário usar nossa inteligência humana para responder à verdadeira questão: "qual é a real fonte da virtude e felicidade?". Tal questão responde ao interrogador que nada lhe pertence na Terra e que tudo o que existe é para ser compartilhado. De acordo com os níveis de consciência alcançados, no lugar de fama, sucesso e riqueza material, outras qualidades emergem, como amor, compaixão, satisfação e pacificação interna, as verdadeiras causas da felicidade perene.

Humberto Alexandre descobriu os verdadeiros valores da vida de maneira traumatizante, mas nem por isso se deixou abater. Utiliza a sua experiência com os dois lados da moeda para falar àqueles que ainda vislumbram apenas o consumismo exacerbado.

O prisioneiro das palavras

CONDENADO A 132 ANOS DE PRISÃO, Luiz Mendes é um autodidata que aprendeu a ler na prisão. Escreveu suas memórias como meio de autoterapia e, com o livro, foi finalista no Prêmio Jabuti. Ele é colunista da revista *Trip*, consultor especial do Sistema Prisional Brasileiro e prepara-se para lançar seu próximo romance. Entre um lançamento e outro, Luiz encontra tempo para fundar bibliotecas em presídios e ministrar cursos de Literatura aos presos, pois acredita que a leitura transforma o homem.

> *E somente uma palavra, somente uma,*
> *tira a tua coroa ou te inflama a garganta.*
> António Miranda

O dicionário *Houaiss* define a palavra "gênio" como "espírito que, segundo os antigos, regia o destino de um indivíduo, de um lugar, ou que se supunha dominar um elemento da natureza, inspirar as artes, as paixões, os vícios". O *Aurélio* fornece o seguinte conceito: "extraordinária capacidade intelectual, notadamente a que se manifesta em atividades criativas". Dicionários místicos apontam significar "divindade do talento".

Nenhuma das compilações das unidades léxicas da língua portuguesa a submete à noção de bem ou mal, apenas à acepção de uma capacidade extraordinária para um talento.

Tampouco ousaria eu ligar a palavra a uma coisa ou outra. Ao pé da letra, Hitler foi um gênio, capaz de manter um país inteiro em torno da ideia de supremacia racial, por longos anos; assim como Beethoven foi um gênio da música clássica ao compor em total surdez; Einstein, ao fundamentar a teoria da relatividade; Mao Tsé-Tung por iniciar uma política que colocaria a China, anos depois, no patamar das grandes potências mundiais; ou ainda Paulo de Tarso que, após exterminar centenas de cristãos, foi o propulsor do Cristianismo.

Independentemente de lotarem salões de admiradores ou campos de cadáveres, tais homens possuíam extraordinário talento manifestado em atos que a humanidade aprovou – gênios do bem – e desaprovou – gênios do mal.

O caso de Paulo de Tarso remete, além do talento, ao ato de redenção, assim como a metamorfose do bruxo Cipriano para São Cipriano, quando renegou o "Demônio" e se rendeu a "Deus".

Mas... genialidade e redenção são dons presentes no homem contemporâneo? O poeta John Donne, se estivesse vivo, diria que não, pois, como registrou há 400 anos, "o homem é a expressão da crueldade".

Já a trajetória do paulista Luiz Mendes, ex-presidiário, condenado a 132 anos de prisão e, posteriormente, escritor finalista do Prêmio Jabuti e o colunista mais lido da revista *Trip*, prova que o homem não é cruel, e sim usuário da crueldade quando julga necessário, capaz de controlar seu talento, usando-o para a destruição ou aprimorando-o em proveito de si e da coletividade.

A minha aproximação do Mendes se deu num clima de medição de forças, e, no fim, empatamos. O primeiro e-mail enviado a ele foi escrito na linguagem mais formal possível: "Senhor Luiz Mendes, sou... gostaria de entrevistá-lo sobre...". Ao que ele respondeu com meia dúzia de críticas – linguagem direta, segundo ele –, questionamentos sobre a extensão dos meus vícios e um minicurrículo para, quem sabe, ser-me suficiente.

Insisti com um segundo e-mail; dessa vez, tentando acompanhar o coloquial do sujeito: "E aí, Luiz... Vamos tomar uma cerveja, fumarei um cigarro, enquanto você me conta o lance da sua vida?". Admito ter merecido a resposta: "Já contei a minha história mil vezes, nenhuma delas me trouxe grana; agora, se quiser, pode vir à minha casa. Fazemos uma troca: eu aguento a sua nicotina, e você o meu baseado. E... traga a cerveja".

Assim, após uma hora de avião, mais uma hora e meia de estrada, cheguei à periferia de Embu, dentro de um táxi cujo motorista, amedrontado com o que ele denominou *boca de fumo perigosíssima*, ameaçou não me aguardar (como combinado), atitude que "voltou" a minha carteira para a bolsa e exigiu um aviso: "Pagarei na saída".

Enquanto Luiz Mendes continha o cão, eu percorria o beco a passos largos até a porta da sua casa, que dá entrada para a cozinha, onde uma escada leva ao quarto-sala. Pequeno, simples, estampando a sede de conhecimento do proprietário que vive entre livros, DVDs e CDs de *blues*. O computador, ferramenta de trabalho em que Luiz se debruça o dia inteiro, foi instalado ao lado da janela com vista para a favela, talvez a fonte inspiradora responsável pelo ritmo enternecedor dos seus textos.

Antes de se tornar escritor, Luiz era assaltante. Produto de uma infância difícil, ele deixou o primário inacabado para fugir das surras constantes do pai alcoólatra. Ganhou as ruas e, delas, a iniciação na criminalidade. Teve que aprender cedo o código de conduta da rua: matar ou morrer, roubar ou passar fome.

A dureza das calçadas formou um adolescente sem noção de propriedade, para quem o respeito aos bens não se aplicava às ações diárias. Primeiro, a bolsa da "madame"; depois, o carro do "bacana", e daí "cresceu na profissão", participando de assaltos perigosos e elaborados.

Quem vive nas ruas não pode escolher o dia de amanhã. Seguindo "a onda", o garoto que roubava para comer, passou a roubar para... "Não sei que ou por quê" – como ele mesmo conclui. O resultado foi a condenação, aos 19 anos, a 132 anos de reclusão. O tempo encarcerado extrapolou a pena máxima brasileira, Luiz Mendes cumpriu 31 anos e 11 meses de cadeia.

Mendes não gosta de falar do tempo em que ele foi criminoso, tampouco de ser chamado de "Mendes", como era conhecido no presídio. Sobre o assunto, o máximo conseguido, arrancado a fórceps, de Luiz foi: "Eu assaltava estabelecimentos comerciais, em especial bancos". Depois da frase curta, apenas "Hums" e "Não gosto de falar dessas coisas, porque acho que não interessam muito a ninguém". Após uma longa explicação sobre a importância de saber o passado para situar o homem atual, Luiz, contrariado, esboçou:

....

O homem é resultado do meio, e eu não conhecia outra maneira de adquirir bens.

....

– Eu nasci criminoso. Sem respeito à propriedade – mais ou menos isso. Quando garoto, acreditava que as coisas eram dos outros enquanto eu não conseguia tomá-las, e, se as tomasse sem me garantir, a minha vida se complicaria. Achava ter participação no bem do outro, isto era claro na minha cabeça: cheguei tarde no mundo, e as pessoas que chegaram antes se apossaram de tudo, tudo o que poderia ser meu; então, tenho direito sobre o bem alheio. Posso tomar posse do que eu quiser, pois me cabe fazer o meu buraco (espaço). Não sei dizer um período da minha infância em que tenha pensado diferente, talvez eu tenha nascido assim... Gostava do errado, cheguei a ser fã de terrorista – sem limite! O homem é resultado do meio, e eu não conhecia outra maneira de adquirir bens.

Aos poucos, Luiz foi se soltando:

– Desde criança eu entrava e saía de correções do Juizado de Menores. Aos 19 anos, sem conhecimento da existência do mundo, mal conhecia o centro de São Paulo, eu estava condenado a 132 anos de prisão. Não fazia sentido para mim. Eu não percebia o crime, pois ele me era normal. Como julgar o bem ou mal das ações, se, nas ruas, onde fui criado, a sobrevivência exige o roubo e a luta contra a morte diariamente? *Oh, meu*, a violência foi minha professora. Resultado: fui morar no Inferno, pavilhão 2, 5º andar. A escola da prisão é pior do que a das ruas. O *cara* fica enterrado lá, a sociedade não entra. O preso vai desenvolver cultura, lógico, pois o homem é produtor cultural; no isolamento, cercado pela marginalidade, ele produz a cultura do crime. Nada mais – resume.

Luiz é um homem temperamental, de sorriso fácil, ora denotando tensão ora contentamento. Ele preferiu contar sua história sem interrupções, na ordem estabelecida por ele. Bastava eu direcioná-lo nas vezes em que *viajasse* nas lembranças, mas as intervenções de minha parte quase não foram necessárias, por ele possuir narrativa brilhante. Então, ele narrou:

– Ao chegar ao presídio, arrumei problemas, problemas, até que fui parar na cela forte por haver matado na cadeia. Havia presos que enxergavam nos novatos a oportunidade de mão de obra escrava, desde limpador de cela até primeira esposa. Foi preciso mostrar que eu não era uma coisa nem outra. Mais uma vez, a lição das ruas ebuliu o sangue – matar ou morrer.

Na solitária sem janelas, só uns buracos no alto para ventilar, sem avistar lá fora, o contato humano se dava uma vez ao dia quando o guarda me levava água. A comida era recebida por uma gavetinha. Naqueles tempos tenebrosos em que não existiam Direitos Humanos para lutar pelo marginal, que também é gente, o preso da solitária não tinha direito nem à Bíblia. Não se podia fazer nada; falar mais alto aumentava o castigo para mais 30 dias; fumar, mais 30 dias. Entrei na cela forte para ficar um mês e fiquei um ano. Quase enlouqueci lá dentro.

Nesta vida tudo passa, voltei à cela comum, ao meu lado, um vizinho novo. Os *caras* viviam mudando, uns saíam para uma temporada na solitária, outros eram transferidos para pavilhões menos rigorosos. Esse meu vizinho passava o dia inteiro lendo, enquanto eu andava de um lado para o outro.

Não aguentando mais ficar sem notícias de casa, cheguei a ele e disse: "*Oh meu*, você pode escrever uma carta para a minha mãe?". Eu ditava, ele escrevia; e lia a resposta da minha mãe. Um dia, o vizinho me perguntou por que eu mesmo não escrevia, já que fui alfabetizado. Respondi que havia esquecido as palavras. O primário de escola pública ensinou-me pouco... Na verdade, havia me esquecido como ler e escrever.

Tentando aguçar-me o som das palavras, o vizinho começou a ler em voz alta um livro que mexeu muito comigo. Gostei tanto que não queria que ele parasse, até parecia que Victor Hugo conhecia o pavilhão. Terminado *Os miseráveis*, o vizinho começou a ler outro, e outro. Assim foi por meses, a hora do cinema. Entretanto, como disse, tudo passa, e as boas coisas passam também. O vizinho foi embora. Na saída, ele parou em frente à minha grade e me deixou os livros de presente.

A partida do sujeito trouxera-me dois problemas: a solidão e a falta de notícias de casa; aliás, da minha mãe, a única pessoa que me importava fora da prisão. O pai, que era vivo nessa ocasião, para mim, morreu quando o seu chicote me forçou a morar nas ruas de São Paulo. Pensei: Diabo, sou inteligente e posso reaprender. Esparramei a pilha de uns 15 livros pela cela e pus-me a estudá-los. Ao encontrar uma palavra que julgava fazer sentido, a incluía na mensagem à minha mãe. As cartas me ensinaram a escrever.

As sílabas voltavam do fundo da memória até eu dominar a leitura e a escrita. Comecei a trabalhar na biblioteca; na verdade, eu montei a biblioteca do presídio. Li todos os livros da cadeia e outros que a Assistência Social doava. A leitura tornou-se a coisa mais importante da minha vida, os presos achavam que a prisão tinha me enlouquecido, pois eu lia 14 horas por dia. Não tomava sol, nada. Lia, lia, lia; afinal, era por meio da leitura que eu conhecia um mundo diferente, nunca a mim apresentado.

Antes dos livros, eu só conhecia a Praça da Sé e imediações. A palavra escrita me apresentou a vida num novo contexto, repleta de riquezas incomensuráveis. Descobri habitantes da Terra que comiam, trabalhavam, adquiriam bens com o suor dos seus braços, usufruíam do intelecto para beneficiar a humanidade. Bondade, pessoas inteligentes e ambientes interessantes saltavam das páginas a me dizer que eu poderia pertencer àquele mundo. Foram os personagens que me abriram a mente para a possibilidade de o ser humano extirpar da sua essência as impurezas e os defeitos.

Daí para a frente, fui evoluindo, eliminei os 1º e 2º graus com o curso supletivo; tentei o vestibular e, para minha surpresa, fui o primeiro colocado no exame da PUC-SP. Imagine, o garoto que roubava um pão pela manhã e já o comia pensando como conseguir o jantar, tornar-se advogado, *cara*! Fui o primeiro presidiário no Brasil a cursar faculdade. Verdade que não terminei o curso, pois tive uma recaída.

No meio de uma aula perdi o controle e fugi dos guardas. Fiquei foragido durante 52 dias; fui preso num flagrante de assalto a banco, numa situação bem pesada. A fuga me fez perder o direito de estudar, e não pude concluir o curso. Joguei fora mais uma oportunidade. Ao retornar à prisão comecei a me questionar, lutara tanto para chegar à universidade – prova disso foi alcançar o primeiro lugar, não de um curso, mas da faculdade inteira –, e aí... estava tudo acabado.

Ninguém esperava a minha recaída. Nem eu. *Pô*, depois de tanto estudo, tanto dialogismo, voltar para o crime?! A única saída seria a autoterapia – tentar me entender. Passei a ler todos os livros de psicologia, espiritualidade, filosofia; lia cinco de uma vez. Precisava fazer algo, pois após essa recaída entrei em depressão, só pensava em me matar. Foi quando decidi escrever uma autobiografia. Tinha de haver uma profunda reflexão no meu eu para não me perder de vez. Nascia ali o meu primeiro livro.

A leitura tornou-se a coisa mais importante da minha vida, os presos achavam que a prisão tinha me enlouquecido, pois eu lia 14 horas por dia.

Depois do *Memórias de um sobrevivente* soube que não era mais bandido, que eu mudara a interação com o mundo. Adotei o kardecismo como fonte espiritual. Kardec me ensinou que o homem não se extingue com a morte, e a lei do retorno é a realidade que deveríamos avaliar antes de cada ato praticado.

Aceita a temporada no Inferno, comecei a trabalhar na escola do presídio até o fim da pena. Dos sete mil presos, mais de 900 estudavam sob a minha coordenação. Embora a escola tomasse grande parte do meu dia, eu continuava lendo. Aprendi francês só para ler Voltaire no original – não sei pronunciar nenhuma palavra, pois os presos mal falam português, mas aprendi a ler o idioma. O *Existencialismo é humanismo*, de Sartre, foi outro lido no original; adorei, apesar de achar que o autor se engana em muita coisa. Sou tendente à corrente filosófica de Marcuse – cada página dos livros dele põe você para pensar por horas, dias.

Creio que a leitura pode tirar muita criança da rua. O livro foi a alma que salvou minha vida! Em vez de Febem e similares, o governo deveria criar bancas de livros gratuitos, abertas no meio da rua e com um contador de histórias em cada uma delas, para quem não pode comprar tampouco entrar numa biblioteca e usufruir do conhecimento. Afinal, quem não tem conhecimento está morto.

Em 2001, entrou na prisão, numa visita social, a atriz Sofia Bisilliat, com o projeto chamado "Talentos Aprisionados". Ela procurava detentos que tinham relação com a pintura, a música e a literatura. No fim dos cursos, os melhores seriam contemplados com alguma premiação. No meu caso, fui vencedor da categoria Literatura, premiado com cinco mil reais.

No fim da oficina literária, comentei com o meu instrutor que havia escrito um livro sobre a minha vida e gostaria da sua análise. A primeira editora a que o Fernando Bonassi apresentou o texto que eu guardara por 15 anos publicou o trabalho que narra a história de um homem, eu, preocupado em se entender, em descobrir por que se envolveu na roda vida do crime, sendo que ele nunca fez parte das causas, só das consequências. A autobiografia, até o momento, ultrapassou a venda de 20 mil exemplares.

Em 2004, a esperada liberdade. Saí do presídio com a maior expectativa de vivenciar as mudanças do mundo moderno. O metrô, nossa!, automático, paredes de aço, você entra e ele fala com você, parecia-me uma nave espacial. Senti que o mundo havia mudado para melhor. Pensei: *Oh, meu*, como esse mundo evoluiu! Na estação da Sé, subi a escadaria e me deparei com o caos. A paisagem coberta de gente jogada fora como lixo. Onde centenas de Luiz viviam há 30 anos, hoje, vivem mais de mil. O governo, em vez de ter acabado com a criança de rua, triplicou a produção.

Sentei-me num degrau qualquer e fiquei observando a criançada. Garotos de sete anos, até menos, mendigando num farol onde os transeuntes nem se tocam com a presença deles. Meu Deus, crianças tratadas como cães pestilentos! O coração apertou ao ver o homem petrificado diante da miséria, da dor do semelhante. Na minha infância, a gente ficava na rua roubando para comer; os comerciantes batiam, os rapazes da sociedade batiam, mas havia pessoas que se preocupavam conosco, questionavam nossa presença ali, mandavam-nos à escola, avisavam a polícia. Eu vivia preso por isso, a população nos entregava à polícia ou a nossas mães. Hoje, ninguém abre o vidro do automóvel para exprimir uma palavra.

Fiquei horas na Sé observando as garotas com as barriguinhas grandes, questionando se elas estavam doentes, sei lá. Não, estavam grávidas, crianças de 12 anos engravidadas por estupros – e não são estupros de garotos de rua, não, são homens que param seus carros importados, pegam essas garotas e fazem o que querem, porque são filhas de ninguém. Se o homem enxergasse o mundo como uma grande família, talvez esse tipo de crueldade não existisse.

Esse é um dos motivos pelos quais sou radicalmente contra a instituição família. A meu ver, família é egoísmo em grupo – sou eu e os meus, o resto que se dane. Observe: uma criança de dois anos é idêntica a outra de dois anos, independentemente do sobrenome. Entretanto, o sobrenome Matarazzo, por exemplo, nulifica o sentimento em relação aos Silva. A sociedade se horroriza quando um maníaco mata uma criança de família rica, mas não se importa com as centenas de mortes de crianças de rua. É uma posição... egoísta, *cara*, egoísta, porque criança é criança em qualquer situação. Tanto faz se é minha ou sua filha. O índio trata as crianças da aldeia como filhos de todos. Nós, civilizados, ignoramos as diferentes do nosso sangue.

*A meu ver, família é egoísmo em grupo –
sou eu e os meus, o resto que se dane.*

Mesmo eu, morando nesta casa simples, sem grana para esbanjar, mas o suficiente para manter as necessidades básicas e alguns excessos, reservo saldo para ajudar as mães solteiras da comunidade, a criançada que cruza comigo pelo bairro, enfim, meus agregados. Se eu, escritor e colunista, ou seja, pobre convicto, arranjo brecha no orçamento para contribuir com a miséria exposta lá fora, por que o sujeito do carro importado não? Por que o governo não? Este, então, fala só em déficit. Sou obrigado a crer que, na pirâmide estrutural do Brasil, as crianças não são prioridades – explodiu Luiz.

Em busca de reencontrar o fio da história que narrava, Luiz levantou-se, abriu a gaveta da estante onde guarda sua coleção de filmes. Dos 900 títulos, *A história do blues,* de Martin Scorsese, foi o escolhido.

Ao som de Buddy Guy, Luiz explicou o fascínio pelo Blues por entendê-lo como sendo a linguagem do presidiário. Em seguida, me levou ao seu computador para mostrar o arsenal de contos, crônicas e outros gêneros produzidos pela incontestável criatividade do escritor.

Enquanto ele remexia a escrivaninha, eu esticava as pernas "investigando" os títulos organizados na estante: alguns futuristas, clássicos da literatura mundial, Paulo Freire – ao sociólogo, Luiz estende elogios "um mago, um mentor", por haver ensinado a ele, numa fase crucial, acessar os códigos de comunicação de uma sociedade, fazer uma releitura e, posteriormente, se inserir nessa sociedade.

Massageando a nuca e segurando alguns papéis, Luiz retorna à narração:

– Tenho vários esboços – diz, enquanto me apresenta alguns textos – O livro *Às cegas*, continuação do *Memórias*, foi finalista no Jabuti. Porém eu me encontro em nova fase, e os editores que me publicaram só se interessam pelas minhas biografias. Os críticos dizem que a minha literatura é marginal, eu não entendo. Não concordo. Existe alguma via normal para a gente ser marginal a ela? Criação independe de regras, caso contrário a Literatura não teria saído dos trovadores. Quem sabe, um dia, outro editor se interessa pelos meus contos. Até lá, continuo produzindo.

Para sobreviver, escrevo artigos para a revista *Trip*, tenho os direitos autorais dos livros publicados e presto consultorias na área de Segurança Pública para defensores públicos, estudantes de Direito, em diversos estados brasileiros, Bahia, Minas, São Paulo, Rio de Janeiro. O Rio foi surpreendente. Achei que falaria para um pequeno grupo de pessoas num tímido auditório, mas o público superou minhas expectativas. Tomei um susto ao entrar no palco e palestrar para mais de mil pessoas. No início eu tremi, confesso, principalmente porque o apresentador me anunciou como ex-presidiário, o que me desagrada. Tudo bem, embora seja ex-presidiário, sou ainda escritor, colunista, consultor. Já que o rapaz me intitulava, deveria ter completado as honras. Estou livre há seis anos, vivo de escrever. O problema de atos aparentemente inocentes, como intitulação pela metade, é a influência do rótulo, que pode resultar à embalagem julgamentos errôneos. Sabe aquele negócio de preferir o jeans X ao Y, embora ambos sejam produzidos na China?!

Sem me deixar abater, peguei o microfone, joguei o corpo para trás, respirei fundo e, entusiasmado, realizei uma das minhas melhores palestras. Por quase duas horas não se ouvia uma mosca no auditório. Foi lindo!

Entre maio e dezembro, trabalho feito louco. O bastante para viver os outros três meses do ano de *vacances*. Entre janeiro e março, época de poucos eventos culturais, descanso, namoro. Apesar de não ter ilusões, busco a companhia do amor; não do casamento. O descrédito dado a esse tipo de união provém das tentativas frustradas de vivenciá-la no passado. Depois do primeiro casamento, filhos, divórcio e uma paixão louca por uma segunda mulher, não senti mais o coração disparar, o peito se pôr em sentinela ao perceber a presença da mulher. Sem tais devaneios não dá para enfrentar a vida sob o mesmo teto. União requer paixão incondicional.

Aos amigos, também, dedico esse período. Não que me recuse a conhecer pessoas no resto do ano, mas amor e amizade são para serem perseguidos em flertes pacientes, em que as partes disponham de tempo a dedicar. Senão... senão é insosso.

Meu objeto de procura são pessoas cultas, é uma sintonia prazerosa. Incomparável. Nenhuma relação resiste à defasagem cultural; afinal, *relacionar* é "expor por meio de". Há como se relacionar sem diálogo?

Saí da prisão com sede de pessoas que discutissem literatura, filosofia, música, enfim, tudo aquilo que eu deduzi, em mais de 30 anos, haver no país: uma sociedade culta, feita de pessoas inteligentes, interessadas pela cultura. Na prisão não havia com quem conversar, mas me era compreensível, por saber a origem da população carcerária. Mas aqui, aqui fora, ah, eu esperava um oceano de *experts* em cada esquina. Não preciso dizer da minha decepção com a ignorância instalada, não é?! Na cadeia me instruí, nas pessoas fora dela, com total acesso à educação, não despertam para isso. Imperdoável.

O problema de atos aparentemente inocentes, como intitulação pela metade, é a influência do rótulo, este pode resultar à embalagem julgamentos errôneos.

Creio que, depois de *longo e tenebroso Inferno,* me encontrei naquilo que faço de melhor: escrever. Estou sentado aqui, nessa cama que hoje fiz de sofá, contando a você a minha história há... – Luiz confere o relógio e toma um susto com o passar das horas – ...três horas. O tempo voa, e às vezes viajo em uma ou outra lembrança, mas, no intuito de completar nosso papo e responder a sua pergunta de uma hora atrás, diria que o método eficaz de extinguir a violência e proporcionar às crianças de rua uma segunda chance é incentivá-las ao conhecimento. Educação, pelo amor de Deus! A criança precisa comer? Sim. Precisa de um teto? Sim. Entretanto, mais do que tudo; a criança de rua precisa de e-du-ca-ção; sem o conhecimento, o crime a diploma.

Eu tive a oportunidade de abrir a mente pela literatura, mas veja a que custo! Entrei no presídio em 1972 e sai com 51 anos. Trinta e um anos da minha vida! Naturalmente as mentes brilhantes se encontraram com o meu pensamento. Não que eu seja brilhante, eu apenas usei do conhecimento de grandes autores para avaliar a minha vida e conhecer a vida na sua expressão coletiva. O conhecimento me ajudou a criar novos valores.

Foram os livros que me apresentaram, por exemplo, o kardecismo e, por meio dele, a reencarnação, que, por sua vez, me inibiu de ser agente prejudicial. Ao perceber o prejuízo que eu causava às pessoas, tive de aprender a viver diferente, a respeitar o próximo.

O conhecimento liberta!

É, Luiz, o conhecimento liberta. Liberta porque a vida é feita de opções e só se converge em uma direção ou outra quando a ideia, geral ou abstrata, abarca os traços essenciais do caminho. Os místicos afirmam que ninguém passa incólume pela evolução. Dia após dia, evoluir é uma constante na vida, nem que, para isso, o futuro reserve ao homem as mais caliginosas provações.

A obra de Alan Kardec, que deu origem ao kardecismo, ensina aos seus seguidores que o Universo imobiliza o homem somente quando é necessário que ele se atente para algo – desde um simples resfriado a um câncer ofensivo. Perpassando a tal filosofia, o desemprego, o divórcio ou qualquer manifestação da dor são espécies de sinais para pôr em movimento ações importantes, legadas ao esquecimento, como a carência de um filho em busca do abraço dos pais, a urgência da alteração de postura num conflito ou a mudança de profissão em prol do sucesso almejado.

De acordo com pensamento kardecista, é bom que se encare um simples resfriado como oportunidade de meditação; pode-se evitar a pneumonia, a tuberculose ou qualquer mecanismo de detenção mais radical.

Tal conceito se aplica à trajetória de Luiz Mendes como uma luva. A "vida" o parou por 31 anos e 11 meses para que ele processasse valores primordiais ao convívio em sociedade. O aprendizado possibilitou a Luiz controlar o talento de manejar armas para manifestar a extraordinária capacidade criativa em seus artigos, livros, contos.

De assaltante a escritor – prisioneiro eterno; porém, hoje, prisioneiro das palavras, assim como foram Voltaire, Sartre, Marcuse e outros grandes professores de Luiz Mendes.

O voo da lagarta

O COLUNISTA DO JORNAL *O TEMPO* decidiu, desde pequeno, suprimir sua índole homossexual. Perfeitamente compreensível, já que o homossexual tem obstáculos a superar, infinitamente maiores que os heterossexuais – coisa que afeta todas as minorias no Brasil e no mundo. A homossexualidade tornou-se um fantasma na vida de Oswaldo e, na vida adulta, se instalou de vez. Após experiências amargas, ele deixou para trás o casamento e dois filhos para se unir ao verdadeiro amor de sua vida: Marquinhos. Juntos, lutam em prol dos direitos gays, tendo conseguido recentemente a aprovação de lei anti-homofóbica em Minas Gerais.

> *No Céu, a linha última das casas*
> *É já azul, alada, imensa e leve.*
> *Nenhum gesto, nenhum destino é breve*
> *Porque em todos estão inquietas asas.*
> Sophia de Mello Breyner Andresen

O jornalismo exige dos profissionais da área completa interação com os fatos ocorridos no país e no mundo. Ouvir, assistir, ler jornais são exercícios diários automatizados pelo jornalista, semelhantes ao ato de escovar os dentes. Ocorre de folhear o periódico em busca da informação, ignorando o responsável pela notícia. Atualmente, os jornais publicam a fotografia dos jornalistas junto à matéria, facilitando a identificação do responsável por aquele espaço.

Graças à técnica recente (não tão recente assim) reconheci Oswaldo Braga, colunista de um dos maiores jornais de Minas, dando um depoimento na TV. Parei de abocanhar o lanche ao ouvi-lo dizer: "Sou gay". Numa interação ilógica que a gente, às vezes, faz com a telinha, como se a imagem pudesse nos ouvir, questionei: "E daí? Que diferença faz o *Homo sapiens* ser homossexual, heterossexual, casto?!". Entretanto, nem todo mundo pensa assim. A homofobia é realidade no Brasil, e foi a ela que o colunista tentou combater, estampando a "cara" na TV em horário nobre.

Mas de onde vem a homofobia? A sociologia explica que o *diferente* ou *novo* gera hostilidade, o que a disciplina denomina misoneísmo, e até o ponto em que este se situa entre curiosidade e medo, atração e aversão são absolutamente naturais. Quando o misoneísmo se mistura à moral, provoca comportamento discriminatório, podendo chegar a horrores sociais como a escravidão, o fundamentalismo, a homofobia (aversão a homossexuais). Seguindo a Sociologia, a maneira de combater esse medo irracional é "a conscientização da diversidade humana". As passeatas gays e diversas organizações não governamentais como MGM (Movimento Gay de Minas), dirigido por

Oswaldo Braga, atuam na conscientização de que a homossexualidade é apenas uma maneira diferente de celebrar o amor e o sexo.

No sábado que antecedeu o Dia das Mães, fui conhecer o jornalista que me despertou admiração pela coragem e tenacidade. Dividido entre o trabalho em Brasília, Belo Horizonte e Juiz de Fora, pai de dois rapazes e filho de tradicional família mineira, Oswaldo encontra tempo para lutar por uma causa sua e de milhões de brasileiros.

Sorridente, de bem com a vida, ele me abre a porta da casa de sua mãe, dona Marlene. Após nos instalarmos no ateliê da irmã estilista, entre agulhas, manequins e um enorme teclado profissional, esse grande homem, numa espécie de perdão à sociedade, justifica a rejeição ao *diferente*:

– Fui o homofóbico mais homofóbico que se possa imaginar. O diferente assusta. As crueldades dessa aversão, que para você é inconcebível, pratiquei-as em mim por anos. Lutei contra a minha natureza porque não queria ser gay. A sexualidade do gay é vista em países de raiz católica como "doença hormonal", aberração genética ou, pior, perversão sexual.

Nessa hora, o gravador emperrou e, enquanto tentava ajustá-lo, comentei com Oswaldo de "doença hormonal" haver me recordado a declaração de Evo Morales sobre a produção industrial do frango. Declarou o presidente boliviano, na abertura de evento sobre mudança climática, que "O frango que comemos é carregado de hormônios femininos. Por isso, os homens que comem esses frangos têm desvios em seu ser como homem". Os comentários sobre a declaração ficaram entre mim e Oswaldo, ademais o gravador continuava travado. Dois tapinhas no aparelho, e ele registrou o necessário desta fala:

– Em pleno século XXI a gente ouve esse tipo de comentário de um chefe de Estado, já pensou em Belo Horizonte há 40 anos? Por isso – enfatizou Oswaldo –, aceitar a condição de gay era mais difícil que permanecer em silêncio.

Ser gay é difícil, ser criança, principalmente uma criança *diferente*, não é fácil. Por causa do conflito da idade suscetível a marcas indeléveis, Oswaldo inicia a conversa pela história da sua infância:

– Desde pequeno me via com olhar esticado para os garotos, *eles* despertavam-me curiosidade. A beleza, a estética masculina me atrai desde criança. Era comum os colegas comentarem: "Olha aquela garota, vai ser minha namorada". Eu olhava e não sentia a menor atração, continuava ali, manuseando um brinquedo, nem ligava. Lembro-me que chorava ao travesseiro, sem coragem de contar a ninguém a minha atração secreta. A atração sexual, normal em toda criança, tornou-se um monstro nos meus sete anos.

A primeira informação sexual que tive foi: "O menino namora com a menina, e sai um bebezinho; mas você não pode deixar ninguém lhe fazer de menina". As dúvidas pululavam, o tabu não permitia questionamentos. Sem ter a quem recorrer, eu perguntava à minha cabecinha de criança: "Por que sou assim, por que Deus me fez assim?".

> *Ora, por que é proibido vivenciar o amor homossexual? Não existe nada errado nisso, o meu marido Marquinhos é um cara bacana, honesto, nada tenho a me envergonhar.*

Cresci decidido a não ser gay, isolei os fatos atinentes ao assunto. Concluí ser preciso arranjar uma namorada, logo. A primeira foi aos 12 anos. Namorava na sala, igual gente grande, esforçando-me para gostar e fazer daquilo a minha identidade sexual. Consegui dissimular o desejo por longo período, a paixão me protegia dos desejos *insanos*. Solteiro, a fantasia com pessoa do mesmo sexo surgia com muita força. Na infância, não houve experiência homossexual, nem o "troca-troca" comum dos garotos. Levantara um muro para a homossexualidade não aflorar.

Na adolescência, tive milhões de namoradas, vivia sob o constante risco de a menstruação das garotas não chegar. Para mim, foi o máximo ter eliminado o desejo estranho. Na busca de reafirmar a masculinidade, alardeava aos amigos as minhas relações sexuais com as garotas. Construí tão bem a imagem de garanhão que, um dia, quando a dúvida me pegou novamente, confessei-a a um amigo e ele riu, dizendo que era bobagem. Ninguém levava a sério os meus fantasmas, os amigos conheciam o personagem criado, e não o Oswaldo real.

Mas não dá para representar 24 horas por dia. A natureza do homem é força bruta que aflora de uma maneira ou outra; o casulo se rompe aos poucos, e as asas vão crescendo, crescendo. Nas crises existenciais, eu quase enlouquecia. Não aguentando o tormento, tive duas experiências.

A primeira, por volta dos 16 anos. Conheci um homem mais velho que rodava o bairro de carro procurando rapazes. Diziam que ele pagava sanduíche no Xodó para os seus acompanhantes, levava-os a lugares legais, enfim, não era coisa de *vou te comer no carro*, não. Tinha certo romance. Eu e dois amigos saímos com o sujeito. Em se tratando de prazer, a experiência foi coisa do outro mundo. Adorei.

Aos 18 anos, eu cantava num coro bem bacana, e esse coro foi se apresentar na Argentina. Em Buenos Aires, conheci um gay, pessoa simpática, inteligente. Nos identificamos logo, compartilhávamos os mesmos gostos, a conversa fluía naturalmente, mas, quando me contou suas preferências sexuais, a amizade acabou. Voltei ao Brasil revoltado. Passamos um período nos correspondendo, ele me explicando sobre o desejo homossexual, eu me impondo a ignorar. Até que ele veio a Belo Horizonte e tivemos relações sexuais. Fazer sexo com ele, assim como com o primeiro, foi um conflito desesperador. De um lado, o prazer, a sensação de haver encontrado a felicidade; de outro, a autoflagelação, o arrependimento. Chorava muito, sofria demasiadamente. Culpava-me como se houvesse matado alguém, e, a meu ver, o gay era a morte em vida. *Eu não queria ser gay.* Para mim, ser gay não era bacana; dificultava o relacionamento com os meus amigos, a aceitação no grupo social ao qual pertencia. Não... Impraticável! O conflito mal-resolvido desencadeou a intolerância ao gay; nem falar sobre o assunto me permitia. Cheguei a tratar mal os homossexuais.

Fui à banca, adquiri um monte de revista pornográfica e me obriguei a sentir prazer com mulher pelada. Todo mundo sentia, por que não eu?! Certa vez, comprei uma *Playboy*, e nela havia uma propaganda da Zorba. Era o homem de cueca que eu levava para o banheiro, *ele* me excitava. As minhas fantasias eram homossexuais. Sempre soube que era gay, mas, até então, não aceitava.

Decidi voltar para a vida de garanhão.

Aos 23 anos, a gravidez bateu à minha porta. Frequentava a terapia há tempos, pensei haver matado o gay dentro de mim de uma vez por todas. Apaixonado pela garota, fui para o altar. Casar me era muito cômodo. Primeiro, completava o personagem criado. Segundo, não me exigia desempenho sexual exemplar – no casamento a gente pode ter uma trepada ruim entre duas boas. Nas transas com as namoradas, morria de medo de fracassar; casado, o medo acabou. Adorei a situação, além disso, a Luciana era nova, *moça de família,* tinha de haver certa reparação – aquelas coisas de anos atrás.

Começamos o namoro em fevereiro e nos casamos em setembro, em março do ano seguinte já tínhamos um bebê. Três anos depois tivemos o segundo filho. A responsabilidade da família e a grana curta me obrigaram a parar com a terapia. Olhava-me no espelho, admirando o garanhão capaz de fazer filhos, sem tendências homossexuais – o máximo!

Quatro anos depois, por uma escorregada da Luciana, a gente se separou. O complexo de macho não aceitou a infidelidade dela. Refuguei não ser o único – burrice tremenda do machismo, pois ninguém é 100% fiel. Ademais, eu fui absurdamente fiel, confessei a ela as minhas experiências passadas, as inseguranças. Luciana, como os outros, não me deu bola, pensou ser um distúrbio passageiro, pois nossa relação sexual a satisfazia.

Divorciado, busquei manter a mente ocupada para não fazer bobagem. Passei a ser pai, incondicionalmente. Vinte quatro horas por dia dedicadas a ser o pai exemplar. Gabriel tinha oito meses, o mais velho três anos, e eu dava conta das tarefas de pai e mãe: trocava fralda, fazia mamadeira, levava ao parquinho. Nos fins de semana em que eles não ficavam comigo, me dedicava a programar os que eles estariam fazendo – o outro lado da minha personalidade estava morto, enterrado.

Num dado momento, fui morar no Colégio Batista, no prédio situado em cima do túnel da Lagoinha, que tinha acabado de ser construído. Próximo dali havia uma passarela, digo havia porque não sei se ainda existe. Bem, a passarela levava à Escola de Engenharia, e atrás da escola tinha um cinema pornográfico. Resolvi conhecê-lo e, apesar de voltar para casa descompensado, frequentei o cinema algumas vezes. Minha postura diante da situação foi a seguinte: "Estou indo lá porque *eles* me querem, não por necessidade".

Embora o cinema não fosse grande coisa, pois nada havia além de sexo num lugar sujo, horroroso, vivenciei meu outro lado. O cinema facilitava as coisas, porque os frequentadores não tinham rostos, nem nome, nem idade, apenas a mão mágica a satisfazer os meus desejos homossexuais.

Deprimido com o ambiente lúgubre, experimentei uma sauna gay – esta foi um drama para conhecer. Fiquei parado na esquina da sauna por quase uma hora para ver quem entrava e quem saía. Na primeira vez, voltei para casa, receoso do novo ambiente. Não sabia como rolavam as coisas lá dentro, se era escuro como no cinema ou se os rostos se apresentavam uns aos outros. A única sauna conhecida era a do Minas, frequentada por heterossexuais e bastante iluminada. Um dia tomei coragem e experimentei, preferi lá e tornei-me frequentador assíduo. Mesmo na sauna mantinha a postura distante, nunca me interessei em saber o nome do parceiro, a mim interessava somente o toque, o gozo e a saída. Fora daquelas paredes eu ainda representava o garanhão – disse Oswaldo no tom sofrido de quem é comprimido entre a realidade e a fantasia.

Ao som da campainha, Oswaldo saltou da poltrona em direção à varanda. Na volta, explicou a chegada da irmã para o almoço de comemoração antecipada ao Dia das Mães. O jornalista vinha de Brasília para abraçar a mãe e retornaria no outro dia bem cedo; não sem antes passar por Juiz de Fora. "Trabalho em Brasília, mas resido em Juiz de Fora" – justificou.

Existem milhares de heterossexuais que tiveram experiências homossexuais e nunca as repetiram, e existem os que se encontraram na homossexualidade. Nada há a fazer, tampouco se afligir, porque no processo não há virgindade a perder, nem estigma.

Quem vê a leveza de Oswaldo hoje ignora o quanto o medo de aceitar seus traços de caráter o subjugou. A natureza de Oswaldo Braga o remetia ao mundo gay, enquanto os tabus da infância, da igreja, o refreavam – a lagarta de asas malformadas alçava voos tímidos, condenados ao peso do casulo.

Há que vir o Sol após a chuva... enxugar a terra, conter as inundações; dar curso ao rio da vida de Oswaldo. O nome do astro? É ele quem diz:

– Num compromisso social com os amigos, me apaixonei por uma psicóloga. Com o tempo, contei a ela os meus desejos sexuais e a vida dual que muito me aborrecia. Sentia-me um grande mentiroso, a educação recebida pelo meu pai impedia-me viver na mentira. Lucinha foi um anjo bom que me deu luz nessa escuridão. "Calma", ela aconselhou, "Oswaldo, busque um amor e largue essa vida marginal, de casos noturnos. O ser humano necessita ter relacionamento completo. Deixe o anônimo, a sombra, o escuro".

Em princípio achei-a maluca, pois nunca cogitei a paixão por um homem. O outro, para mim, limitava-se ao gozo, ao prazer sexual, nada mais. Retornei à vida clandestina das esquinas, boates e todas as possibilidades de fazer sexo homossexual.

Veio o *Réveillon*, junto dele diversas programações; na hora de sair de casa, pensei: "Ah, definitivamente não vou fingir nessa passagem de ano. Não dançarei num ambiente onde não possa me expressar livremente". Chegara a hora de a semente plantada pela Lucinha florescer. Parece destino, na boate gay escolhida conheci o Marquinhos. No início, ele era apenas mais uma transa. Passou-me o número dele e, diferentemente das outras vezes, telefonei. Começamos a sair, cultivar afetividade... O Marquinhos é meu marido, estamos juntos há 17 anos.

Nosso convívio me ajudou muito, com ele fui aprendendo que é possível construir uma relação homossexual. O Marquinhos é gay assumido, desde criança; a aceitação da mãe facilitou-lhe a liberdade de expressão.

No início foi muito difícil, porque eu não tinha uma identidade gay, mas, na medida em que eu me apaixonava, questionamentos surgiam: "Por que não posso? Ora, por que é proibido vivenciar o amor homossexual? Não existe nada errado nisso, o meu marido Marquinhos é um cara bacana, honesto, nada tenho a me envergonhar". Ao seu lado percebia que a vida clandestina não é a única opção.

O conflito se materializava em pontos de interrogação, perguntas que encaradas me fortaleceram: "É isso o que eu quero? Isso me faz feliz? Viverei".

Embora a batalha interior estivesse ganha, a guerra estava por vencer. Eu tenho o Marquinhos, entretanto, sou pai de dois garotos, filho de mãe maravilhosa, irmãos bacanas, enfim, uma família fascinante que eu não podia permitir que vivesse à deriva. O primeiro a saber foi o meu irmão, quando passei com ele uma temporada na Inglaterra.

Voltei de Londres cheio de ideias de conscientização – para evitar que outros garotos passassem pelo suplício que vivi. Eu e Marquinhos realizamos o primeiro *Rainbow Fest* – o nome nasceu por causa de o arco-íris ser o símbolo dos gays – e o segundo. A divulgação ficava por conta do Marquinhos, pois meus filhos e minha mãe ainda não sabiam que eu era gay e não podia deixá-los saber pelos jornais.

No terceiro *Rainbow Fest*, em 2000, dividindo meu tempo entre Juiz de Fora e Belo Horizonte, pois trabalhava como assessor de imprensa na Secretaria de Defesa Social de Minas, ou seja, no centro das polícias do Estado – um dos lugares mais homofóbicos do mundo, lá eu era o "senhor Oswaldo" –, não havia como escapar da imprensa. Tanta luta para marcar o nome do evento no país, não podia perder a oportunidade de divulgá-lo, e a Globo dessa vez queria me entrevistar. Chegara minha hora.

Procurei meus filhos. O mais velho tentava vestibular, e o Gabriel tinha 15 anos. A reação não poderia ter sido pior, a indignação de ambos doeu em mim até os ossos. Em seguida contei à minha mãe; ela teve a reação clássica de mãe de gay: levantou as mãos ao Céu se perguntando onde havia errado. Foi engraçado, porque no dia anterior minha mãe recebera umas amigas e, ao ver-me chegar da Secretaria vestido de terno e gravata, me apresentou a elas, orgulhosíssima. Em menos de 24 horas a mãe fica sabendo que o filho másculo, de terno, é uma fraude. Ainda bem que decepção de mãe dura pouco. Ademais, ela é mãezona.

> *Ser gay para si e para parte do mundo e ser homem no seio da sua família – onde a educação o ensinou a encostar os seus anseios – não é legal.*

Dei a entrevista.

Na Secretaria, o comportamento mudou como que por encanto. Transferiram-me da sala bacana para a do fundo, passaram a equipe de jornalistas para a coordenação de outro. Quando houve uma rebelião e os jornalistas vinham atrás de mim para saber notícias e eu não as tinha, pois a diretoria cortara-me as informações, percebi o complô e pedi demissão antes de desgastar minha imagem profissional.

Mudei-me para Juiz de Fora e me dediquei à ONG por inteiro. Atualmente, a MGM é uma das maiores organizações do Brasil, tendo ajudado muitos jovens a não passarem pelos dramas que eu passei. O movimento é responsável pelo *Rainbow Fest*, que já está na sua 13ª edição, um sucesso.

A todos que procuram a ONG, o conselho dado é "saia do armário, pois ele é seu túmulo. Não vale a pena a morte em vida. O nosso mundo é feito de diferenças; ser gay é mais uma diferença".

Alguns pais nos procuram desesperados, e eu busco tranquilizá-los dizendo a verdade: se for uma fase do filho, passará, e se não for, nunca passará. Existem milhares de heterossexuais que tiveram experiências homossexuais e nunca as repetiram, e existem os que se encontraram na homossexualidade. Nada há a fazer, tampouco se afligir, porque no processo não há virgindade a perder, nem estigma. A vida para o homossexual é mais leve fora do armário, e qual pai não quer a paz para o filho?!

Mas há muitas coisas a serem modificadas, inúmeras situações em que o casal heterossexual é resguardado, e os gays, não. A união civil é uma delas, a adoção, outra. O homossexual pode adotar um filho, o casal, não; e quem perde com isso é a criança. Se adoto um garoto, ele passa a ter direito ao meu patrimônio, porém continua sem direito aos bens do meu marido, que, perante a lei, não é parente dele. O casal gay não pode somar renda para aprovar financiamentos, alugar imóveis, não pode incluir parceiros como dependentes no plano de saúde, e há vários outros entraves legais – o jurídico da ONG levantou 78 itens negados aos gays no país.

Garantir a integridade física e moral do gay é um item no qual precisamos avançar. Em Juiz de Fora, conseguimos aprovar a Lei Rosa – que proíbe a discriminação pela manifestação de afeto. As atitudes homofóbicas são perigosas, pois vão de meras palavras ofensivas a agressões físicas. Já me insultaram na rua, apanhei, fui vítima de situações horríveis. Uma vez, ao fecharmos a ONG, eu e o Marquinhos estávamos indo para casa, tranquilos, caminhando, pois o trajeto é curto; ao passarmos à porta de um bar, alguém lá dentro resolveu nos insultar, chamando-nos de aberração e outros xingamentos. Cercaram-nos gritando: "Hei, bichas, *tão* olhando o quê?". Os caras se esquecem que o gay não é "mulherzinha" como propagam, têm a força física de homem. Só lembraram do detalhe após algumas bofetadas. Tivemos de responder à altura, levaram porrada também. A polícia chegou, prendeu todo mundo. Eu e o Marquinhos saímos logo, eles foram condenados por homofobia.

A homofobia se manifesta pela violência. Frequentamos lugares específicos para evitar ser alvo desprezível. Até no meio homossexual enfrentamos obstáculos por alguns acreditarem que ser gay é questão individual, pessoal. Quando iniciamos o Movimento, uns acreditavam que a gente havia enlouquecido. Mas... Preconceito é palavra de que não gosto. Exposição demasiada, tampouco. Ninguém tem que se expor senão por uma causa, basta ter consciência dos limites. Há curiosidades que não devem ser aventadas, aprendi na casa de minha mãe que o quarto dos pais era sagrado. O meu também é sagrado, não é do interesse das pessoas quem é passivo e quem é ativo; isso é ultrajante. E há os corajosos, minha amiga; perguntam na maior cara de pau.

O relacionamento entre mim e o Marquinhos não difere em nada das relações heterossexuais verdadeiras, mantidas com o mais alto nível de respeitabilidade; normal, comum. O resto é tabu. Graças à quebra do tabu, o meu filho Gabriel voltou a conviver comigo. Ele precisou pesquisar sobre farmacologia em Juiz de Fora, para um trabalho de escola. Naturalmente, hospedou-se em minha casa. A rotina não foi alterada, eu e meu marido continuamos a dormir na nossa cama de casal, a conversar sobre variados temas como política, sociedade, situações corriqueiras da ONG. Isso contribuiu para ele perceber que o pai militava em prol de outras pessoas, o que ele achou positivo. Ao conhecer a MGM, o Gabriel percebeu que a assistência psicológica, jurídica a jovens homossexuais é um trabalho bacana, solidário. Na cabeça dele, morreu o "lobo mau".

Já o meu filho mais velho ainda se encontra na fase de negação, e só o tempo, o amadurecer, irá modificar seu julgamento. Cada um tem sua hora.

Fora da ONG, conheci diversos gays maduros, bem-resolvidos, mas que preferem manter a homossexualidade em segredo da família. Uns por pertencerem a famílias conservadoras, outros por acreditarem na impossibilidade de amor entre gays, e uns poucos receosos de que, contando à família, a sua homossexualidade irá se materializar. Mas todos, todos eles, sem exceção, sofrem horrores com a dualidade. Ser gay para si e para parte do mundo e ser homem no seio da sua família – em que a educação o ensinou a encostar os seus anseios – não é legal. Mentir às pessoas que amamos é duro demais, mina a nossa felicidade.

Entre os inúmeros e-mails recebidos no Movimento, mães de homossexuais, gays e lésbicas, jovens em conflito e, claro, alguns homofóbicos que não perdem a oportunidade de registrar a piada, um deles expõe os avanços a conquistar. Certo homossexual, casado há 16 anos com outro homem, não gostou do modo a que me refiro ao Marquinhos, "meu marido"; o crítico prefere "companheiro". Aos que pensam assim, faço minhas as palavras do estilista-militante Carlos Tufvesson: "Como posso chamar de amigo o homem com quem sou casado há 15 anos?".

Há heterossexuais que acham o meu amor violento. Não, é amar diferente, apenas isso. As crianças assistem a filmes e desenhos de guerra, extermínação, os pais não enxergam violência nessa diversão macabra. Mas o meu beijo, o meu afeto é violento. As pessoas o creem desnecessário. Mas manifestar afeto é importante, faz parte do amor, ou você toparia sair com o seu marido a vida inteira e não receber um beijo no restaurante, andar de mãos dadas com ele?!

Eu e o Marquinhos não silenciamos o nosso afeto, é claro que, como qualquer pessoa normal, não ficamos nos esfregando em público, atitude vulgar para todo ser humano; entretanto, pequenos gestos que os heterossexuais fazem, nós também fazemos. Silenciar o nosso amor é inadmissível.

> *Há heterossexuais que acham o meu amor violento.*
> *Não, é amar diferente, apenas isso.*

A igreja, principalmente os evangélicos e católicos conservadores, apregoa a Bíblia, o "amai-vos uns aos outros". Nos templos, ensina aos fiéis o "cáritas", ou seja, o amor incondicional. Amor que une todos os seres sob o céu. Amor que ama a tudo indistintamente e que reúne em si o Universo, sem se importar com diferenças ou semelhanças. Numa total inversão de valores, discriminam a maneira diferente de amar dos homossexuais. Cabe a mim, homossexual, impedir a profanação ao meu amor.

Foi difícil, passei maus bocados, tanto caí que aprendi a me manter erguido. Hoje sei que o amor homossexual é possível e que nele nada há de errado, é amor como outro qualquer, e a maneira diferente de expressá-lo é condição da diversidade humana de que faço parte – arrematou Oswaldo.

A biologia afirma que, embora o sexo seja determinado pelos cromossomos no momento da fertilização, todos os mamíferos, independentemente do seu sexo genético, começam a vida *femininos* em estrutura e natureza. O estado feminino persiste até a produção dos hormônios masculinos, que, dependendo da quantidade, tornarão a masculinidade anatômica no feto ou o manterão feminino. O conceito, que vai de encontro com a Gênese (a mulher nasceu da costela de Adão) e de certa maneira discorre o macho como perturbação hormonal, explica os acidentes genéticos tais como excesso de pelos nas mulheres e seios nos homens.

A psicanálise situa a dualidade sexual como sensação primária de todo ser humano, e, segundo Freud, o "desejo de ser bissexual constitui talvez uma das tentativas mais profundas da natureza humana, embora tenhamos um dia de nos identificarmos a um gênero com todas as suas possibilidades e prazeres". Freud diz que essa identificação ao seu sexo ou ao sexo oposto é determinada nos primeiros anos de vida. Mais tarde, pode se desenvolver e se modificar em determinadas direções, mas nunca desaparece.

Jung, por sua vez, diz que "O caráter é inato", a força motriz da alma, força impossível de combater e extirpar, capaz de provocar terríveis lesões a quem tente subjugá-la.

Numa análise geral, podemos concluir que a bissexualidade inata e a capacidade para a empatia presentes no mamífero levam-no a ter experiências com o sexo oposto ou o igual, visto que o importante ao ser humano é identificar a sexualidade mediante atração. Qualquer esforço de alteração do processo gerará distúrbio à cognição do eu social, revelada em forma de sofrimento, baixa estima e até depressão.

Entre homens e mulheres, há os que afirmam que suas relações são heterossexuais, sempre; há os que declaram ter nascido gays; outros dizem haver vivido grande parte da vida heterossexuais, orientando-se posteriormente à homossexualidade; há os que, após experiências com pessoas do mesmo sexo, mantêm suas relações restritas ao oposto e, finalmente, os que se relacionam com ambos os sexos. Das diversas possibilidades, ao longo da existência, o importante é agir de acordo com os traços característicos do indivíduo, banindo as imposições dos fatores sociais.

Oswaldo Braga só encontrou a paz ao permitir a expressão do seu caráter, ou, como nomeia, a sua "natureza". Livre dos fantasmas do preconceito, ele aprendeu a celebrar o amor, alinhado ao seu desejo sexual. A lagarta transformou-se numa bela borboleta, batendo asas incansavelmente em prol de outras lagartas receosas de saírem da sombra do manacá.

Na sintonia da felicidade

MARCOS ROSSI NASCEU SEM BRAÇOS E PERNAS. Advogado e palestrante, casado e pai de dois filhos, ele trabalha num dos maiores bancos do país. Com sua cadeira de rodas motorizada, percorre o país com um humor invejável, ministrando palestras com o tema "O potencial humano é ilimitado". Nas horas de lazer, Marcos toca em escola de samba, canta em banda de rock, pratica mergulho, entre tantas outras coisas.

*A força não provém da capacidade física,
e sim de uma vontade indomável*
Mahatma Gandhi

A escolha de uma pesquisa científica é um caso de amor entre o pesquisador e o tema, mas o apoio financeiro ao desdobramento desta pode ser um processo obtuso. Sabe-se que pandemias, surtos como a gripe suína ganham o primeiro lugar nas investigações por ameaçarem a humanidade.

Há quem diga que o câncer não foi erradicado por garantir a sobrevivência da indústria farmacêutica. Descartando o exagero, o cidadão comum não tem ideia de como se dá a seleção de pesquisas pelas grandes corporações. O número irrisório de afetados pela doença X diminui a probabilidade de ela se ingressar na seleta busca da cura.

A Medicina moderna consiste em tratar os sintomas até que o organismo tenha tempo para curar a si mesmo. As doenças genéticas rumam à prevenção, como a biotecnologia, que possibilita a escolha de embriões perfeitos, para a criança, ao nascer, desfrutar da padronização biológica e social aceitável.

A síndrome de Hanhart, por ser muito rara, atingindo uma em cada 500 mil pessoas, conta com poucos estudos para apontar suas causas. Trata-se de malformação genética na qual o bebê nasce sem uma parte ou com a completa ausência dos braços e pernas. Marcos Rossi, um jovem de 27 anos, aventa ter sido a retirada do DIU do útero de sua mãe grávida a responsável pelo dano de alguma membrana e, consequentemente, pela sua deficiência física.

Em meados dos anos 1960, acreditava-se que a síndrome poderia ser consequência de acidentes intrauterinos, mas a teoria foi abandonada após a pesquisa de Daniel Bergsma. O estudo do cientista não encontrou agregação aos fatores ambientais ou hereditários. Até agora, a ciência se limita a afirmar que se trata de desenvolvimento fetal incompleto.

Se há dificuldade etiológica, na vida dos portadores da síndrome há desafios diários, já que dependem de terceiros desde o banho à alimentação. Vencer desafios parece ser a especialidade de Marcos Rossi.

Aquele que se depara com o rapaz, num primeiro momento, pode ter reações extremas, tais como surpresa pela pequena estatura a que a síndrome o condicionou ou sentimentos preconceituosos de pena, alarde. Todavia, ao encarar os olhos esverdeados de Marcos, de um brilho declarado de alegria, vão-se embora as conjecturas; o seu sorriso de amor explícito desencadeia-nos certa vergonha, não do preconceito mascarado, mas de nossa redenção frente às próprias atribulações.

Pai de duas crianças, de cinco e dois anos, Marcos convive com os olhares curiosos na rua, na reunião escolar, mas isso não mais o incomoda:

– Houve época em que questionei o motivo de todo mundo ficar me olhando. Depois percebi que a curiosidade é característica do ser humano – sou diferente, e a diferença desperta sintomas.

Numa espécie de aniquilamento dos obstáculos que perfilam sua estrada, Marcos utiliza mira positiva para derrubar o preconceito, transformando a curiosidade alheia em oportunidade de cultivar novos amigos.

O rapaz desmonta a teoria dos que creem faltar ao deficiente competência intelectual e motora para desempenhar papel ativo na sociedade. Os primeiros a se surpreenderem com Marcos foram os pais; daí em diante, ele causa admiração por onde passa.

Dotado de alma especial, sua tremenda sapiência chega a ser constrangedora, mas... a constrição é efeito inicial, logo cede lugar ao encantamento. Ao ouvir sua retrospectiva, pude apurar que propósito e solução sempre nortearam a vida do paulistano, desde a sua aparição no mundo em 1982:

– Conta minha mãe que a ultrassonografia acusava o nascimento de uma criança saudável. A cesariana realizada três meses depois trouxe ao mundo um bebê com síndrome de Hanhart, responsável pelos desmaios do obstetra, do meu avô, do choro contido da mãe e do desespero do pai. Meu nascimento foi movimentado.

Após o choque inicial, veio o questionamento sobre o motivo de um casal normal haver concebido um filho portador de Hanhart. A pesquisa não durou muito, pois as informações sobre a síndrome são inconclusivas. Foram dias, meses de incerteza quanto ao meu desenvolvimento.

A dúvida diminuía na medida em que a criança sem braços e pernas sorria, balbuciava as primeiras palavras, reafirmando a saúde mental. O receio de o filho ser discriminado assombrou meu pai. Ele se incomodava com a indiscrição das pessoas – muitas voltavam dois passos para observar melhor o bebê esquisito no carrinho. Cada um tem seu tempo, e meu pai teve o seu período de adaptação.

Quando a idade de andar com as próprias pernas chegou, meus pais adquiriram as mais diversas próteses para me auxiliar. Não me adaptei a nenhuma. Geralmente as pessoas, ao usarem prótese, têm um dos braços para ajudar no equilíbrio, como me faltam os dois, o recurso acaba por se tornar um peso. Usei pernas mecânicas, presas a um cesto dentro do qual eu era colocado. Até aí, ganhei altura, mas para me locomover precisava do auxílio de muletas. O balé de levar a muleta e jogar o corpo, levar a muleta e jogar o corpo acabou me levando ao chão, várias vezes.

Na queda, a primeira reação é proteger a face com os braços; no meu caso, o rosto recebe o impacto da queda. Escorregava e... bum, queixo no chão. Cansei dos arranhões, de quebrar o nariz e, enfim, troquei a parafernália pela cadeira de rodas.

A minha primeira cadeira era mecânica, cabia aos amigos serem o combustível dentro da escola. Tenho muita sorte em encontrar amigos desde o colegial; as pessoas ao meu redor são especiais. No fundo, a turma se divertia com a cadeira possante, movida a músculo. O corredor da escola virava pista de treinamento ao pretenso piloto, a quadra, o autódromo perfeito. Divertíamos bastante. Até a eleição do amigo a me levar ao banheiro virava brincadeira. Vivi as experiências de garoto com leveza e alegria, como qualquer outro.

Nos feriados, quando a família ia para o Guarujá, não me sujeitava ao castelo de areia abaixo do sombreiro, não; arrastava o traseiro de um lado a outro para brincar com o mar. Às vezes fugia da onda, outras vezes ela me chapava o nariz. Exatamente como acontece à criança ao aprender a nadar.

Respeitando minhas limitações, brinquei de pega-pega, joguei bola. Quando digo que joguei futebol, as pessoas duvidam, mas a minha mãe é muito criativa, na verdade, a grande inventora dos artefatos para me ajudarem a vencer obstáculos. Por exemplo, ela inventou uma espécie de varinha para substituir o antebraço. Com a engenhoca, clicava botões de jogos eletrônicos. Para jogar futebol, minha mãe criou duas muletinhas, da minha altura, com encaixe confortável. Corria no campo sem a menor dificuldade. Já fiz gol de bicicleta! Ora, bastava segurar a bola com as muletas, jogá-la para cima e pular pra trás. Essas invenções proporcionavam-me o mesmo conforto dos industriais usados atualmente, como o cabo anatômico para colocar a ponta da minha colher ou do lápis.

Na infância os problemas terminavam em diversão, brincadeira. As limitações nunca foram assimiladas ao sabor do drama. Foi a adolescência que me trouxe inquietações. Pedir ajuda para ir ao banheiro, nessa fase, tornou-se motivo de constrangimentos. Certa vez, eu acabara de fazer um amigo e, no meio da conversa, me deu vontade de ir ao banheiro. Minha cabeça fervilhava entre a necessidade e a timidez, perguntava-me: peço?, não peço?... Ao limite do esforço, venci a inibição. De cara, o amigo, em ar brincalhão, disse que me conduziria, mas o resto seria por minha conta. Respondi que precisava de ajuda para me colocar no vaso, somente. O episódio terminou em gargalhada de ambos.

Diante de desafios, procuro me munir de serenidade, isso diminui o tamanho do problema; ademais, a maneira de ver as coisas é que tem de ser ajustada, e não as coisas em si.

A leveza desse amigo, a dor abdominal intensa, pois eu já prorrogava a ida ao banheiro há horas, serviram-me de lição. O Unibanco possui ambulatório disponível aos funcionários, trabalho na instituição há sete anos, nesse período houve várias enfermeiras, já pensou se eu ficasse preso à minha vergonha? Teria de enfrentar o tigre da inibição, anualmente. Tenho energia para encarar todo tipo de obstáculo, mas não me proponho experimentar o mesmo sofrimento inúmeras vezes.

Foi na adolescência, também, a primeira desilusão amorosa. Gostava de uma garota da escola, de longe. Coincidiu de nos encontrarmos numa matinê de domingo. Ao vê-la, suei frio, o coração disparou. Pedi ao amigo que me acompanhava para empurrar minha cadeira para perto da garota, o que ele fez e saiu correndo. Mal balbuciei cinco palavras, e ela se virou dizendo que queria um garoto inteiro, e não meio. A dor sentida não tem explicação. Cheguei a decidir nunca mais sair de casa, e o fiz por três meses. Sofri demais.

O sofrimento abriu meus olhos. Após longo diálogo comigo mesmo, tentando descobrir meu crime, concluí que abordar a garota com carinho não fora errado e que me trancar em casa nada alteraria; afinal, continuarei sem braços e pernas, e ela desejando um namorado normal. Voltei para o mundo.

Se algo faz parte da sua vida, a solução é enfrentá-la. Compreender e conviver. Magoar-se com o imutável é desperdiçar energia em prol do impossível. Diante de desafios, procuro me munir de serenidade, isso diminui o tamanho do problema; ademais, a maneira de ver as coisas é que tem de ser ajustada, e não as coisas em si.

Minha família desempenhou papel primordial na aceitação das minhas limitações e na superação das barreiras. Eu poderia ter sido criado no berço, no carrinho, enfim, preso; ao contrário, meus pais me deixavam livre para experimentar. As experiências despertaram-me o gosto pela independência. O estímulo para proceder como uma criança normal me fez acreditar na capacidade de superar.

Nunca estudei em escolas especiais, a ideia da família era que eu crescesse junto de crianças normais. Minha mãe foi de escola em escola, até que uma delas aceitou me matricular. Desenvolver habilidades, inventar equipamentos para adaptar a caneta, escrever... tudo isso foi mais fácil que vencer certos preconceitos, mas, com determinação, vencemos. Meu período de alfabetização foi igual ao da classe, a diferença é que os colegas seguravam o lápis com os cinco dedos, e o meu ficava preso por fita adesiva. Quando digo que podemos na medida do querer, não falo da boca para fora: tinha vontade de escrever, e essa vontade me rumou à realização.

Compreendo que não era fácil para as professoras ensinar escrita a uma criança sem braços entre 30, 40 normais, afoitas na execução das tarefas, embora eu também tivesse pressa, sede de aprender, me inserir no mundo, claro. Minha vida é recheada de comportamentos insólitos, se ficasse preso às reações ao meu redor, talvez não saísse de casa. Uso a bússola em direção à felicidade, se a tarefa me deixar feliz, tento executá-la. A grande sacada não é fazer o que gostamos?

Preconceito é manifestação a ser vencida individualmente, apesar de as leis de acessibilidade terem ajudado bastante. Falta ampliar os acessos. Por exemplo, nos Jardins, os estabelecimentos possuem rampas, espaços, banheiros especiais, enquanto nos bairros centrais de São Paulo, a maioria dos bares e lojas não é equipada. Há os que não se enquadram para evitar o cadeirante, pois cadeira de rodas escandaliza alguns clientes, ocupa maior espaço. Frequento ambas as regiões, então, sou obrigado a me adaptar.

Supero o sentimento de pena exposto na testa das pessoas com atitude. Muitas procuram ajudar o deficiente, mas nem sempre sabem como agir. Nessa situação, deixo claro o que posso e não posso fazer, agradeço a ajuda e prossigo sem traumas.

Houve época em que imaginei não portar deficiência, embora tal pensamento nunca tenha se instalado ao ponto de me perder nele. Ao observar meus filhos, dá vontade de participar das estripolias. Em vez de lamentar, os acompanho nos jogos eletrônicos – neles eu posso pilotar um carro, entre tantas atividades. A tecnologia abriu um universo de possibilidades em casa e no escritório, onde a diferença entre mim e os colegas é a altura de 90 cm da minha mesa para melhor digitar com a espiral de borracha.

O segredo da vida é a simplicidade. Claro que, se fizermos dos problemas uma tempestade, eles inundarão nossa mente, impedindo-nos de pensar. O lógico é enquadrar o problema. Imagine, se eu tivesse feito da falta de mãos empecilho, jamais escreveria. No entanto, busquei artefatos para me ajudar a usar o computador e, assim, trabalhar, ter vida ativa. Participar do mundo é essencial.

....

É como um círculo a vida. Sou feliz porque faço o que gosto, faço o que gosto porque a minha felicidade atrai a possibilidade de fazê-lo.

....

Considero-me igual às outras pessoas; aliás, hoje faço mais coisas que muita gente. Por quê?! Penso na vida buscando solução, e não problemas. Acredito na capacidade ilimitada do homem; para vencer desafios, basta acreditar. Busco propagar a máxima para que outras pessoas usufruam da minha visão. Ao me conhecerem elas deixam de depreciar a capacidade do deficiente físico e delas próprias. Pensam que, se o sujeito sem pernas e braços pode, todos são capazes.

Dirigi um programa de inserção de deficiente físico no Unibanco, e, como a empresa é grande, o relacionamento acontece via telefone. Certa manhã, um diretor me discou pedindo um digitador. Fiz a triagem de costume e enviei o rapaz. Esse diretor me retornou, dizendo não poder aceitá-lo pelo fato de o funcionário portar deficiência na mão esquerda – parece que faltavam dois ou três dedos –, de modo a ser-lhe impossível trabalhar no computador. Peguei o elevador e fui até a seção. Ao me apresentar ao diretor e ele constatar que o "Marcos", bom funcionário, não tem sequer braços, o homem não soube o que dizer. Resultado, o diretor aprendeu que membros não garantem eficácia.

Não é que na minha vida as soluções se apresentem, tenho de desenvolver maneiras de acesso, de convivência. Nada caiu do céu e nada foi visto como impossível ou distante. Não dirijo, porém, não fico preso em casa. Coloco minha cadeira de rodas na rua e divido espaço com automóveis, ônibus, motocicletas. Se preciso me locomover para longas distâncias, uso transporte público adaptado. Para mim, impossível é pensar na existência do impossível.

Aprendi que o homem precisa sentir-se útil, desfrutar de lazer, fazer amigos, ter um caso de amor com a vida. Ocupar-se. Sendo assim, além do trabalho no Unibanco, ministro palestras. Mas antes de falar sobre as palestras, vou contar sobre os meus *hobbies*: música e mergulho.

Tocar instrumento sempre foi uma paixão. Como deixar um amor para trás? Não dá. Na primeira oportunidade, ingressei numa escola de samba, lá me encantei pelo tamborim. Na época, meu pai residia no Rio de Janeiro, não pensei duas vezes em telefonar-lhe para me enviar o instrumento direto da terra do samba. Meus pais se divorciaram quando eu tinha quatro anos, meu pai viveu nos Estados Unidos por algum tempo e, antes de voltar a São Paulo, morou no Rio. Coube à minha mãe, criativa como a maioria das decoradoras, amarrar a baqueta em mim. Movido pelo amor à música, aprendi. Toco na bateria de uma escola de samba profissional, a X-9 Paulistana.

Não parei por aí, montei banda com amigos, sou o vocalista, tocamos em bares, baladas, até em Missa de Sétimo Dia. Graças à tecnologia, costumo ousar um pouco mais e trabalhar de DJ, com mixagens próprias. Se tivesse ouvido o mestre da primeira bateria em que tentei ingressar nunca tocaria; ele não me aceitou, pois temia que a cadeira de rodas tirasse pontos da escola. Não me desanimei, fui em frente, meu coração bate na frequência adequada da motivação.

Outra situação impossível para uma pessoa com síndrome de Hanhart seria mergulhar. Mas eu queria muito. Querer é poder. Com a ajuda de um amigo de infância, Alexandre, experimentei. Na verdade, a ajuda foi mútua. Alexandre cursou Educação Física e, como tema de monografia, escolheu provar que qualquer pessoa, independentemente da limitação, pode praticar mergulho. Nessas circunstâncias, fui a cobaia perfeita, estava louco para aprender.

Adaptamos sinais, treinamos em tanques de água doce e, com o apoio da Teleton, que na época queria fazer uma reportagem comigo, consegui mergulhar em alto-mar, em Parati. No trajeto, ficava pensando: vai dar certo? Ah... o convite daquele mar lindo me convenceu, decidi aproveitar ao máximo. Maravilhoso! O mergulho durou cerca de uma hora e ficará para sempre na memória.

Reportagens me abrem caminhos surpreendentes. Tornei-me palestrante por causa de uma. Um dia qualquer, desses que você crê ser mais um – geralmente não é –, almoçava no escritório, e um colega sentou-se ao meu lado, perguntou se eu continuava saindo na revista da empresa. Disse-lhe que a matéria do carnaval fora a última. O colega elogiou e, com os olhos brilhando, me contou o quanto minha entrevista havia mudado o clima na sua casa, e disse que se poucos parágrafos de reportagem transformaram as discussões constantes dos pais, eu nascera para falar ao maior número de pessoas possível. Ele parou de comer e me disse: "Marcos, se você mudou o relacionamento da minha família, que eu já dava por perdida, imagine o efeito de suas palestras". Eu quase morri de susto. Imagina! Morria de medo de falar em público, tremi.

Esse colega leciona para crianças carentes e se propôs a me ajudar a vencer o medo. Durante dois meses estudamos técnicas para falar em público. Hoje, cá estou eu, ministrando palestras pelo Brasil afora.

Saio do palco com o gosto de mais um desafio transposto. A sensação de haver contribuído para melhorar a vida de alguém é emocionante. Nas palestras, sinto que encontrei a razão de haver nascido. Ao atingir o coração de um só membro da plateia, fazê-lo se abrir para a magia da vida, mostrar que felicidade é de graça e que caros são os valores a que a gente se apega, volto para casa, realizado. Procuro falar das minhas certezas, e uma certeza corre nas veias: viver é amar.

É como um círculo a vida. Sou feliz porque faço o que gosto, faço o que gosto porque a minha felicidade atrai a possibilidade de fazê-lo. O segredo das conquistas é o amor. Temos que amar nosso objeto de desejo, e não simplesmente desejar, inverter conceitos – amo as coisas, por isso elas me vêm, somos regidos pela lei da atração.

Às senhoras frequentadoras das palestras, aconselho sair, tomar sorvete na esquina, passear no parque, fazer-se feliz. Coexistir! Hoje em dia, a amizade é deixada de lado por causa da desconfiança que assola as relações, há muito medo no ar. É preciso mudança comportamental antes de a solidão e a tristeza se instalarem como inquilinos permanentes.

Certo dia, fui procurado por um grande amigo que passava por crises no casamento. Ele queria saber se a minha esposa me faz feliz. Disse-lhe que não. *Eu me faço feliz!* Sou feliz por viver e ter oportunidade de colher frutos da vida, tais como esposa, filhos, trabalho, amigos. Tanto a felicidade quanto o sofrimento são resultados de atos individuais, apesar de responsabilizarmos o outro, nossos sentimentos são produto do nosso comportamento.

....
Amor sustenta minha visão positiva, que, por sua vez, fortalece a certeza de que sou capaz de superar limites.
....

Trabalhar com palestras para variados grupos me obriga a redobrar a responsabilidade da palavra. Sim, porque palavra pode ser ato de amor ou desilusão. O verbo materializa o desejo de quem fala e de quem assimila. Por onde vou encontro pessoas em busca de aprender a interagir, seja profissional ou pessoalmente, superar problemas existenciais que quase sempre brotam de único cesto: o desencanto. Ao me verem sem braços e pernas, sorrindo e dizendo que superar depende de determinação, elas despertam para seu poder interior. Quando digo que a gente consegue tudo aquilo a que se dedica, basta pensar positivo, a plateia leva a sério porque *eu* falo sério.

Exprimo a extensão dos meus sentimentos – isso cativa o ouvinte, realiza o palestrante, agrada a Deus. O público sai satisfeito, e eu feliz, pois o auditório foi cenário de um exercício de amor. Amor ao próximo – a grande ciência da vida.

Tudo no mundo tem o propósito de existir, comigo não é diferente. Talvez eu tenha nascido sem membros para *sacudir* os que me ouvem. Do mesmo modo que foi preciso um livro cair na cabeça da minha esposa para ela reencontrar a fé, ausente da sua vida desde nove anos de idade.

Ao passear com o cão, minha mulher foi atingida por um livro, caído dos galhos de uma árvore. Trouxe-o para casa, mas não deu importância. Dias depois, dois missionários bateram à porta de casa para convidá-la a frequentar o templo dos mórmons – um deles era um amigo de infância que não a via havia mais de 20 anos. O livro deu início ao retorno que minha mulher precisava fazer. Atualmente ela é praticante da sua religião e sente-se muito feliz.

A vida é sequência de sinais, expressados pelo amor universal. Como numa estrada, onde as placas nos direcionam, o caminho aos nossos objetivos é assinalado, marcas colocadas lá por um Deus maravilhoso a nos oferecer realizações. Para enxergá-las é necessário se despojar do apego. Para que se apegar? Tudo é passageiro. As conquistas passam, delas resta alegria a acelerar o carro rumo a novas coisas, enquanto que o apego endurece o movimento de inspirar e expirar, anulando desejos e trazendo decepções, pois a vida não deixa vácuo.

Seja no trabalho, em casa, seja junto aos amigos, procuro vivenciar todos os momentos como se fossem únicos. Na verdade, são. Vão passar, e deles há de ficar o sabor de tê-los vivido. Esse sabor gera alegria, que se transforma em pensamento positivo, que atrai novos sabores. A engenharia da vida é fantástica: constrói, destrói e reconstrói. O edifício possui o brilho do material empregado; portanto, uso a argamassa mais durável – o amor.

Não digo o amor entre homem e mulher, mas o amor em si – essa força universal que tem o poder de construir a natureza, a vida. Quando me perguntam: "Você é tão novo, onde aprendeu isso?", respondo que não sei, nasci com a clareza do amor.

O amor à vida me impulsiona para a busca dos meus sonhos, sonhos supostamente impossíveis a um homem dependente de outras mãos para lhe banhar, colocar comida na sua boca... mas que nunca precisou de alguém ensiná-lo a amar; sim, porque amar é algo que a gente aprende antes de nascer. Ao chegar neste mundo, cabe-nos exercitá-lo antes que a falta de uso enferruje as engrenagens da existência.

Amor sustenta minha visão positiva, que, por sua vez, fortalece a certeza de que sou capaz de superar limites. Se há a menor dúvida na minha capacidade, relembro a história de dois garotos que patinavam num lago congelado da Alemanha e um deles caiu, prendendo-se numa fenda. A outra criança começou a gritar por socorro, mas ninguém apareceu. Vendo o amigo preso, o menino tirou um dos patins e golpeou o gelo com toda a sua força. Mais tarde, um dos bombeiros que chegou ao local, perguntou como mãos tão frágeis conseguiram quebrar a camada espessa de gelo. Nesse momento, o físico Einstein, que passava pelo lugar, disse: "Sei como o menino conseguiu, ele fez tudo isso porque não havia ninguém ao seu redor para lhe dizer que não seria capaz".

Meu coração diz, desde a infância, que sou capaz de realizar meus desejos. Não é o mais inteligente que vence na vida, nem o mais rápido, tampouco o mais forte ou poderoso; não é o mais popular, nem o mais rico ou perfeito. Quem vence é o mais feliz, e para ser feliz não existe caminho a percorrer, a felicidade é o caminho – arrematou Marcos.

Amor é emoção que implica ligação e interesse no bem-estar do objeto, seja ele o amor, dedicado a uma pessoa, animal, lugar, seja ele dedicado à humanidade. Foram-lhe atribuídas inúmeras acepções, porém todas variantes da permutação e reciprocidade. Grandiosas mentes buscaram explicar o que vem a ser essa palavra capaz de mover montanhas.

Platão concebe o amor como poderosa ação de reforma do homem, comparada à subida de uma escada cujo topo é a contemplação da forma imortal da beleza, ou seja, a virtude. Kant chamou o amor passivo, ou, como ele mesmo denominou, "amor patológico", de inferior, dedicando longos textos ao tipo de amor decisivo à humanidade por promover a ligação ativa ao bem do outro (amor prático). Os dogmas remetem a criação do universo a um ato de amor. Ensinam que as criaturas, semelhantes ao Criador, possuem o poder de criar, e advertem que a obra concebida fora do amor é ilusória.

Enquanto filosofia e religiões entendem o amor como princípio que governa a união dos elementos naturais e de relação entre os seres humanos, a biologia o descreve como instinto de mamíferos, tal como a fome. Idealizar o amor como impulso inconsciente contesta o fato de alguns o vivenciarem e outros não. Num complemento conceitual, a física quântica sugere ser o amor uma força física destinada aos que acessarem seu código – semelhante à água presente no Planeta, vital para o ser humano, mas que só pode ser ingerida mediante ação.

Marcos conhece a força do amor, ele não sabe como o despertou em seu íntimo, crê haver nascido munido da capacidade de amar, tal como do instinto que promoveu o primeiro choro, a inteligência que estimulou a primeira palavra. Uma coisa Marcos Rossi sabe: seus atos de amor o mantêm na sintonia da felicidade.

Um morcego à luz do dia

FILHO DE EMPREGADA DOMÉSTICA, Roberto Bíscaro nasceu albino e sofreu inúmeros preconceitos por causa da carência de pigmentação da sua pele. Descobriu cedo que, para vencer o preconceito, haveria de ser o "melhor", tornando-se o primeiro da turma da escola. Formou-se em Letras e é pós-graduado, mestre e doutor em Dramaturgia Norte-Americana pela USP – curso que lhe propicia trabalhos com grandes diretores de cinema. Roberto mantém um blog para dar assistência aos albinos brasileiros e ensiná-los que: "Se o filho deficiente de uma doméstica pode vencer, todos podem".

*Ah, que diferença entre o juízo que
fazemos de nós e o que fazemos dos outros!*
Johann Goethe

A diversidade cultural abrange diferenças existentes entre grupos sociais, como a linguagem e o vestuário, as tradições e os dogmas. Pessoas que por alguma razão pautam suas vidas por idiossincrasias, naturalmente; como diria Hegel, num processo dialético de adequação do ser ao meio.

Discorrer sobre a pluralidade cultural exigiria centenas de páginas. Numa avaliação superficial a dividirei em primitiva e moderna. Na primitiva, o homem, por concepções religiosas, praticou o canibalismo, como foi o caso dos astecas e dos tupinambás, o que, na contemporaneidade é considerado crime hediondo, cabendo intervenção da ONU no país que infringir o artigo V da Declaração Universal dos Direitos Humanos: "Ninguém será submetido à tortura nem a tratamento ou castigo cruel, desumano ou degradante".

Na Tanzânia, pequeno país do continente africano, as coisas não funcionam bem assim. Para os tanzanianos banhar-se em sangue de albinos atrai prosperidade e comer a sua carne protege dos maus espíritos. Lá, os albinos são conhecidos como "saruê" ou "macaco branco", o que gera dissonância ao artigo VI da Declaração: "Toda pessoa tem o direito de ser, em todos os lugares, reconhecida como pessoa perante a lei". Então, perguntaríamos: Por que as Nações Unidas não intervêm para eliminar o costume bárbaro? "O governo da Tanzânia não admite a matança, ele apenas não consegue conter o crime, que, no fundo, esconde um rico comércio de órgãos" – informa Roberto Bíscaro, albino atuante na causa do albinismo no Brasil.

O que Roberto explica é que a ONU não intervém na soberania de uma nação, a menos que essa nação contrarie leis humanitárias. Entrar na Tanzânia, que tem a sua Constituição afinada à Declaração de Direitos

Humanos, seria o mesmo que intervir no Brasil por causa da prostituição infantil – ação degradante que resulta da incapacidade do governo de extingui-la, e não da sua permissão legal.

Pessoas se valerem da carne humana, sob o manto de rituais medievais, em plena Era do Conhecimento é estarrecedor, já que a preservação do homem *deveria* pertencer ao seu código genético. Após mergulhar São Paulo adentro e chegar a Penápolis, cidade onde o rio Tietê é límpido, inteirei-me dos problemas enfrentados não só pelos albinos africanos como também pelos albinos brasileiros.

O nível intelectual de Roberto Bíscaro refrigera a mente. A energia que esse professor universitário libera ao falar das carências dos albinos no Brasil esquenta o já elevado clima de Penápolis, que beira os 40 graus devido à proximidade com o Mato Grosso. O calor do discurso provém do propósito de sensibilização social para estabelecer ações favoráveis a quem sofre de albinismo.

Numa analogia macabra, os "filhos da Lua", como são conhecidos entre os internautas, dizem que "o Brasil não come, mas tosta o albino", visto que o portador da deficiência depende de proteção contra o sol, e como o governo considera o filtro solar como um mero cosmético, deixou-o de fora das políticas de beneficiamento. A pele muito clara por causa da carência de melanina obriga o albino fazer aplicações diárias do protetor, condenando-o a gastar rios de dinheiro na compra do produto.

Tentando baixar o termômetro da insensatez, Roberto Bíscaro criou o blog "Albino Incoerente", publicado na internet desde 2009.

– Batizei o blog de Incoerente porque o albinismo é um paradoxo: ao mesmo tempo que chamamos a atenção das pessoas, somos invisíveis a elas. Nem um levantamento sério de quantos somos as instituições governamentais fazem, elas se valem da estatística americana para deduzirem o número de deficientes no Brasil – declara Roberto Bíscaro enquanto acende a luz da cozinha onde prosseguimos nossa conversa.

Destinado a se tornar boia-fria na pequena Penápolis sustentada basicamente pela indústria açucareira, Roberto conta, em voz baixa para não incomodar a mãe que assiste à TV ao lado, como contrariou o destino e se tornou doutor em Dramaturgia Norte-Americana por uma das mais conceituadas universidades do país:

– Eu tinha tudo para dar errado. A pobreza e a deficiência física transformaram-me na atração principal da escola. Ao fechar o portão de casa, ainda ouvia os insultos da criançada. "Vovô", "rato branco", "Branca de Neve" eram os apelidos mais comuns. Não tenho mágoas porque eram crianças, e eu a única da cidade a não ter pigmento na pele. Os pertencentes às minorias são sempre discriminados.

Não sei bem como classificar minhas origens sociais, venho de uma classe abaixo da pobre, classe baixa-baixa. Dividia com três irmãos o salário de um pai feirante e mãe empregada doméstica, o orçamento mal dava para o feijão, arroz. Fartura, somente de miséria.

Fui uma criança sem brinquedos, tênis importado, aliás, nem nacional, não tive roupas bonitas. Entretanto, tive cadernos, livros. Meus pais valorizavam a educação, e livro usado, emprestado ou comprado com dificuldade, eles não deixaram faltar. Tudo na vida é questão de prioridade; se o brinquedo sacrificaria o estudo, tínhamos que escolher o necessário. No caso, o material escolar, claro. A escola pública onde estudei emprestava livros, serviço gratuito mas difícil, por não dispor da lista completa, cabendo ao aluno providenciar os demais. Meus pais juntavam dinheiro durante o ano para, quando saísse a lista de material escolar, poderem comprar. Passei o ensino fundamental arrastando uma pasta surrada pelos corredores da escola, mas carrego comigo, graças à persistência, certo conhecimento que me possibilita viver dignamente.

Criança é criança em todo canto, e eu não fui diferente no aspecto de sonhar. Meus sonhos diários convergiam para a vontade de pertencer à maioria, incluir-me no grupo de garotos no recreio, brincar com todos eles. Sonho impossível para os albinos, por possuírem pele sensível ao sol. Eu não podia andar de bicicleta, talvez se pudesse não teria dinheiro para comprá-la; nem jogar futebol, enfim, nada que expusesse a pele aos raios solares.

O garoto esportista e o aristocrata – aquele aluno que a escola inteira conhece por ter um charme a mais, se vestir com roupas da moda, levar os bonecos de seus super-heróis para exibir – brilhavam como sol, impossíveis de passarem despercebidos. Professores, corpo docente, demonstravam atenção e paciência com as suas travessuras. Eu observava a situação, passivo, quieto, até me conscientizar de que penetrar naquele ambiente exigiria me sobressair aos demais. Uma estudada rápida em meus tímidos atributos desencadeava o pranto. Afinal, onde encontrar essa característica acima de colegas tão *superiores*?! O destino não facilitou. Nunca fui bonito nem feio, muito menos comum. A aparência excêntrica aos moldes tropicais certamente não seria a saída procurada, e, ao meu lado, louro é negro. Quanto a incrementar o vestuário, me seria impossível; apesar de não vestir trapos, as roupas gastas denunciavam a simplicidade.

Nem tudo é tristeza e sofrimento. A mesma vida que me confinara em casa me proporcionou tempo vago, que usei para adquirir conhecimento e obter as melhores notas. Por meio do boletim, me destaquei. Não que eu adorasse estudar, não. Fiz da dificuldade uma saída. Ora, se o albinismo me fez filho do quarto, eu tive de procurar alguma diversão, algum passatempo naquele quadrado. Então o estudo passou a ser a minha diversão. Entre ele e a TV, optei por estudar, não só para ser o primeiro da turma, mas para saciar a curiosidade, sempre fui curioso.

....
Caminhava o mais discreto possível, tentando não chamar a atenção. Cheguei a desejar ser invisível.
....

Os mapas indicando lugares fenomenais criaram em mim a expectativa de um dia colocar meus pés lá. Com o tempo, o sonho de andar de bicicleta foi substituído por navegar no Hudson, caminhar pelas ruas de Nova Iorque. Enquanto crescia para viajar, sonhava em frente às paisagens dos filmes da televisão. Claro que ela também foi outra diversão, na dose certa, sem afetar o desempenho escolar. Fui um espectador fiel, principalmente das novelas americanas, como *Dallas*. Adoro, tenho todos os DVDs da série.

Fui criado num mundo particular. Ao ar livre havia o perigo de exposição ao sol, a má visão dificultando-me atravessar a rua, o receio dos insultos das crianças, dos pais e avós. Adulto também afronta; idade não garante sabedoria, não.

Atos corriqueiros como ir ao armazém me apavoravam, pois a rua infestava-se de olhares me perscrutando como se eu fosse um ET. Caminhava o mais discreto possível, tentando não chamar a atenção. Cheguei a desejar ser invisível.

O início dos semestres escolares trazia horas de terror marcadas pelo recomeço dos insultos. As pessoas criticam por um, dois, dez dias e se cansam, entretanto o colega novo sempre gerava nova temporada de ultrajes.

Olhava-me no espelho procurando a figura hilária que os outros enxergavam. Óbvio que tinha consciência da pele excessivamente clara, dos cílios brancos como sal; obscuro, para mim, foi o porquê disso gerar pilhéria. Em casa o albinismo nunca foi mencionado. O diálogo sobre o assunto se limitava num ou noutro comentário de um irmão mais velho, morto quando eu era bebê, branco *igualzinho* a mim. Cresci sem identidade física, odiando minha aparência. Detestava ser albino porque a deficiência evidenciava a diferença num momento de busca da aceitação das outras crianças.

O tempo é o senhor dos remédios, tudo cura, tudo modifica.

A infância tem o poder de nos tornar crédulos, e eu acreditava na realização de um desejo profundo. De certa maneira, realizei-o ao ampliar meu círculo de amizades. Amizades por interesse, mas...

À medida que estudava, o desempenho melhorava. Nos trabalhos escolares alcançava o primeiro lugar, e os professores começaram a perceber a minha existência, embora houvesse outras dificuldades a superar. O albinismo diminui a perspicácia visual, há os que são considerados oficialmente cegos. Tenho sorte por enxergar 10% com o olho direito e 15% com o olho esquerdo. A primeira carteira da sala, reservada para mim, pouco ajudava para copiar a matéria do quadro. Nas provas, quase engolia o papel para enxergar as palavras, mas nunca pedi para aumentar a letra, evitando marcar ainda mais a minha diferença e gerar novos insultos; enfim, esforçava-me para ler e, muitas vezes, por dominar os temas, decifrava a pergunta. Hoje isso não existe, preciso de letra maior e ponto.

As notas foram a minha glória, a salvação. Mesmo em matemática, disciplina de que não gostava, obtinha rendimento excelente. Os colegas de classe começaram a me convidar para os grupos de trabalho. A razão da mudança é simples, questão de sobrevivência: comigo no grupo, tinham a certeza de alcançarem a média máxima. Passei a ser necessário. Mas quem está neste mundo de enfeite, não é verdade?! A utilidade evita a extinção.

Ao passar a existir, os professores lembravam meu nome na hora de escalar alunos para gincanas, teatro. Como as gincanas aconteciam ao ar livre, com sol a pino, restava-me o teatro. Graças a Deus! O teatro foi, num primeiro momento, a fuga da realidade, e, com o amadurecimento, ele se tornou uma paixão. Mas é preciso talento para atuar, coisa que nunca tive.

Na escola atuei em peças infantis, cujo maior papel representado foi o de vilão de uma delas, *A cidade dos Papa-Pipocas*, cujo enredo narra um mundo onde pipocas de todas as cores e tamanhos convivem em harmonia. A peça elucidou-me o mundo real onde cor e tamanho influenciam o relacionamento humano; na relação com o outro é preciso trocar vantagens, sejam elas físicas, intelectuais ou financeiras. Se você não tem beleza que tenha conteúdo, o vazio é inaceitável.

A juventude marcou a minha alforria, a libertação da dor. Substituí a clausura pelos prazeres da vida. Diverti-me muito, de modo diferente dos outros jovens, mas diverti-me. Enquanto frequentavam festas, clubes, eu me distraía no cinema, no teatro. Quanto mais assistia a peças, mais me interessava pela dinâmica dessa arte tão peculiar.

Os olhares de viés continuavam, existem até hoje. Há os de surpresa, susto e até de indignação. Ao ser apontado na rua, colocado na berlinda, você precisa tomar atitude. Ao chegar à faculdade, dei prosseguimento à estratégia de estar entre os mais capacitados. Armei-me de conhecimento para desarmar as pessoas. Os colegas passaram a se relacionar bem comigo, pelo desempenho escolar e pela postura adotada. Aos poucos, avancei na arte de me apresentar ao outro, conviver respeitando e impondo respeito.

Pesquisei o albinismo e aprendi que se trata de falha genética que impossibilita a produção de pigmentos naturais do corpo. A cor da pele é determinada por uma combinação dos pigmentos, sendo que o principal é a melanina. Na sua falta, ou seja, na hipopigmentação, a pele obtém coloração branco-pálida com tonalidades variáveis de rosa decorrentes do fluxo sanguíneo – diante dessa informação, entendi a cor da minha pele. A ciência me desmistificou a então *maldição* que desencadeia fotofobia, cegueira funcional. Ciente da causa, dos efeitos colaterais, os extremos perigosos a evitar, lidei com a deficiência.

O estado febril requer ao doente evitar o vento, administrar regulador de temperatura, tomar chá da vovó. Proteger-se. Conhecendo a deficiência, aprendi a me proteger; protegido, driblei alguns inconvenientes, a começar pelo enclaustramento. Montei o kit de sobrevivência: óculos, chapéu, protetor solar e roupas de mangas longas. Com o kit, pude me abrir ao mundo, ampliar meus conhecimentos. Transformei-me num morcego à luz do dia.

Cursava Geografia, mas desisti quando passei num concurso público municipal, indo trabalhar na biblioteca pública. O cheiro próprio das prateleiras abarrotadas de livros convenceu-me a cursar Letras. Tentei novo vestibular, passei. O decorrer do curso não podia ser diferente da minha trajetória: estudava em demasia, tirava as maiores notas.

De posse de diploma universitário e com um inglês bom, almejei um emprego melhor, com possibilidade de seguir carreira. A faculdade daqui me convidou para dar aulas de Literatura e Inglês. Havia uma condição: em dois anos teria de me inscrever num programa de pós-graduação.

Interessado em manter o novo emprego, iniciei um curso de inglês, desses em que a gente afia o domínio da língua, para tentar o doutorado. O meu professor, John, queria que o meu inglês fosse igual ao dele que é nativo, ao ponto de me convidar à sua casa sempre que ele recebia algum parente dos Estados Unidos. Estudei tanto que alcancei a leveza da pronúncia, como se o inglês fosse minha língua pátria, e quase não tenho sotaque. John me influenciou também na escolha do doutorado. Ele dizia: "Seu inglês é ótimo, você gosta de teatro e novelas americanas, se dará bem num campo profícuo... não é todo dia que se encontra no Brasil um doutor em Dramaturgia Americana".

O meu problema foi o medo do outro. Após sublimar esse outro e percebê-lo como humano com medos também, mudei as perspectivas.

Preparei-me da melhor maneira possível e fui selecionado para o doutorado da USP, um dos melhores e mais caros. O dinheiro vinha do trabalho, nessa época lecionava na Fundação Educacional de Penápolis, e ministrava aulas particulares para completar o orçamento. Trabalhava e estudava feito louco, pois doutorado na USP não é só dinheiro, exige boa bagagem de conhecimento, mas consegui me formar.

Avaliando de onde vim, posso dizer que venci. A vitória foi graças aos meus pais que, mesmo pobres, sem instrução, ensinaram-me o valor da educação. Fiz minha parte também, não permitindo que a depressão participasse dos meus dias. Creio que ela nunca tentou se instalar de fato, pois fui uma criança, um jovem e sou um adulto encantado pela vida.

O meu problema foi o medo do outro. Após sublimar esse outro e percebê-lo como humano com medos também, mudei as perspectivas.

Certo dia, fui conhecer Nova Iorque e aproveitei para assistir à ópera que eu andava pesquisando. No fim do espetáculo, me aventurei até o camarim para conhecer o elenco, e o cantor, muito gentil, me convidou para jantar junto ao grupo. Tudo ia bem até que, no meio da noite, de repente e sem explicação, me veio um estalo: eu, filho de empregada doméstica, albino, cheguei até aqui e estou conversando com esses artistas de igual para igual, num restaurante sofisticadíssimo... ah, todo mundo pode tudo o que quiser!

Viajei para os países que, na infância, me encantava observar no mapa. Nunca fiz turismo, vou a lugares para conhecer a cultura, aprender o idioma. A Torre Eiffel é linda, mas não me atrai mais do que a cultura francesa. Viajar melhora a respiração. Emociono-me ao entrar num castelo onde reis e generais travaram batalhas e hoje são museus do Velho Mundo. Era tudo tão bonito na fala da minha professora, não posso me privar dessa beleza por causa do albinismo.

Outros albinos temem exposição ao sol, serem atropelados – não enxergamos direito, e qualquer desatenção causa atropelamentos. Troquei o medo pelo pensamento positivo de que "conseguirei". Para o albino atravessar a rua e passear no parque são aventuras, desafios diários a vencer. A minha cota de medo, usei na infância. Se não consigo ler uma placa, pergunto ao transeunte, ao guarda. O importante é criar coragem de viver, jamais se fechar em casa ou fazer da morada um mausoléu... é injusto, mais injusto, ainda, é praticar autoinjustiça.

Dá para ter vida produtiva, basta alçar voos reais. Sei que nunca serei atirador de elite nem piloto de Fórmula 1; jamais passarei o dia na praia, porém nem todo mundo encontra felicidade à beira da praia ou num estúdio de tiro. Sentir-se útil também traz felicidade. Sou útil aos meus alunos, aos amigos que conquistei pelo que sou e não pelas notas, à minha mãe, que beira os 78 anos e depende dos meus cuidados. Cuidar de minha mãe é magnífico. Devolver um décimo a quem me deu cem é uma dádiva. Administro o remédio, controlo os excessos alimentares. Mamãe é hipertensa e teimosa com a doença – se deixá-la a seu modo, come tudo o que gosta, e geralmente as gostosuras são as vilãs da saúde dela, podendo causar complicações. Eu poderia morar em São Paulo, aproveitar horizontes profissionais bem mais abertos do que os de Penápolis, embora se o fizer terei de deixar minha mãe... Viver ao lado dela não me impede de sair pelo mundo uma, duas vezes ao ano e alimentar a ânsia de conhecer novos lugares. Combinar os ingredientes na medida certa é o segredo do *chef*.

Os alunos me perguntam sobre o filme e a peça de que mais gosto. Não tenho resposta. Gosto de tantos, de variados gêneros! Aprecio do *Sexta-feira 13* ao *Decálogo*. Não sou clubista, costumo evitar divisões do tipo: detesto o clube do pop, do rock ou adoro clássico, rap. Não! A arte é maravilhosa, encontramos belíssimas manifestações artísticas em todos os gêneros e épocas. A música, por exemplo, gosto da produção dos anos 1930 até os que virão. Claro que não aprecio tudo, porém um pouco de cada fase. O importante é a arte boa, o bom roteiro, a boa tomada, a melodia explorada com eficiência dentro do ritmo que se pretendeu criar. Alguém, não me recordo o nome, disse algo mais ou menos assim – não sou bom em citações: nem toda arte boa é bela, tampouco a beleza contém arte, necessariamente. Citação é texto que leio, assimilo e acabo fazendo releitura – pela dificuldade de memorizá-la e por preferir usufruir do seu significado em vez das palavras *ipsis litteris*.

Passei quatro décadas travando batalhas. Hoje, nos meus 43 anos, sinto-me realizado. Realização não é sinônimo de satisfação. Almejo muito mais. Venci a barreira econômica e me impus ao mundo, agora me dispus a contribuir com a minoria a que pertenço, abrindo caminhos... A luta é barra! Não temo o combate, pois o maior deles, travei comigo – arranquei de mim o medo de me aproximar das pessoas, pois temia os pensamentos alheios.

Há muitos albinos que não conseguem, não enfrentam críticas e se isolam como se eles fossem aberrações. Não somos. Somos seres humanos como qualquer outro, com deficiências e qualidades. Enquanto uns são incapazes de gerar filhos, nós temos incapacidade genética de pigmentação na pele. O homem pertencente à maioria esquece suas diferenças e teme as alheias. Criei um canal de comunicação com os albinos para defender ideias que os ajudarão a romper tais preconceitos.

No blog, publico informações sobre a deficiência, pois muitos albinos acreditam, realmente, serem "filhos da Lua". É inverdade. Somos filhos do dia, da tarde, da noite e da madrugada. Apenas em certas horas precisamos de cuidados extras. Mas... não é assim com o apreciador da vida noturna?! Ou ele se cuida, ou pode ser atropelado por um drogado, bêbado. Então eu publico artigos científicos e de autoestima aos tantos albinos brasileiros e repasso meu duro aprendizado.

Hoje não mais vivencio experiências em lágrimas. Os monstros do não, da impossibilidade, do *eu nasci marcado*, mandei embora para me acompanhar somente de coisas positivas. Frequento o teatro, vou aos Estados Unidos e compro minhas novelas, dou-me a oportunidade de conhecer lugares maravilhosos. Tais atitudes renovam a alma, dão-nos mais compreensão do preconceito – a palavra preconceito é muito forte, traz a sensação de derrota. Prefiro entendê-lo como estímulo negativo, desse modo paraliso seus efeitos arrasadores. Todo estímulo é passível de paralisação.

Em meio às adversidades, Deus nos muniu com o poder da escolha: enfrentar ou ser enterrado vivo. Fazer do negativo uma arma para combater o mal me fez muito bem, e é essa mensagem que tento levar a outros. Se *um* albino modificar atitudes ao ler o blog, valerá a pena o meu esforço. Minha aparição na TV foi com o intuito de divulgá-lo, pois é por meio da internet que procuro unir a categoria em busca de direitos vitais.

....

O importante é criar coragem de viver, jamais se fechar em casa ou fazer da morada um mausoléu...

....

Desdobro-me em mil para cumprir as obrigações, porém, há felicidade nas ações dirigidas à coletividade. Equilibro-me entre consultorias a cineastas, traduções, lecionar na faculdade. Há as aulas particulares, ministradas aos filhos dos ex-colegas que me insultavam, veja que ironia! Os pais vêm trazer seus filhotes e relembram o passado, envergonhados. Bobagem. O passado foi superado. De fato, agradeço os insultos, eles articularam meu grito de libertação, fundiram o meu ser ao mundo. Somos capazes de transformar tudo em nosso benefício, até o veneno destilado pode se tornar fortificante dos nossos propósitos.

No turbilhão de atividades, encontro tempo para os sobrinhos, irmãos, a família. Adoro ser tio, nem penso em me tornar pai. Casamento não foi feito para um aquariano independente e sistemático como eu, não.

Sou sociável ao extremo, lá fora; em casa, não abro mão do meu canto, das minhas intimidades. Para romper de vez com a possibilidade de casar, há as viagens; faço questão de manter a definição de roteiro e data em minhas mãos. Ah, ser tio é melhor! Permite-me avançar na questão do albinismo no país: minha meta.

Quantos albinos cruzam o seu caminho por mês, ano? – questiona Roberto, repentinamente. Respondo sem pestanejar:

– O último albino avistado foi aos 13 anos. Na minha cidade natal havia uma família albina. Lembro-me de que o irmão mais velho entregava hortaliças na casa de minha avó. Depois disso... você.

Ao constatar a semelhança da profissão do meu conterrâneo à de seu pai, Roberto solta um sorriso inibido, salientando:

– Não somos raros – explica Roberto –, apenas nos escondemos. A invisibilidade dificulta a conquista de assegurar necessidades básicas. Eu não preciso do governo, mas inúmeros albinos que não gozam de certa situação financeira, sim. Precisam do incentivo para aquisição de protetor solar e que ele, o protetor, faça, pelo menos, parte da lista de remédios com preço acessível. Cuidar da visão é outra necessidade. Consultas e planos de saúde são despesas acima do orçamento da maioria. Geralmente, os albinos possuem baixa renda, isso quando conseguem emprego. Somos poucos, porém estamos nos tornando invisíveis. Isso não pode ocorrer, é preciso lutar por políticas públicas capazes de sanar dificuldades emergenciais. Se não cuido dos olhos, perco a visão. E aí? Espero a cegueira me beneficiar com alguns direitos institucionais?

Nós *existimos*, precisamos ser aceitos pelas instituições governamentais. Quero chamar a atenção do governo em favor de outros albinos, para adquirirem tanto bloqueador solar como consultas, óculos, precauções contra a cegueira.

Em algum momento da nossa conversa, disse que me sinto realizado e não satisfeito. Satisfeito ficarei quando sensibilizar o maior número de albinos possível. Reverter situações que chegam a ser desumanas. Quero incentivar os deficientes de melanina a se expandirem, porque a vida é um mar de oportunidades aberto a todo tipo de peixe. O garoto medroso, que entrava em casa de ouvidos tapados, lacrimejava a aula inteira evitando o apelo por letras maiores, engolia a curiosidade do mundo se conformando com a tela da TV, encontrou sua enseada. Como? Banindo o medo, transformando-se num adulto expansivo que, atualmente, conversa até com poste se preciso for.

Na dificuldade de enxergar, peço para aumentarem a letra ou que leiam para mim. Não me afobo na travessia; se o sol ofusca a visão, busco me assegurar pelo som – abro o ouvido e atravesso a rua. Não dirijo, mas ando de táxi, ônibus. Nem todo mundo pilota avião, no entanto, voam por meio dele. Sou albino *assumido,* e a opinião das pessoas não mais me entristece, porque aprendi que o outro é ser humano como eu, com suas incertezas, medos. O fim das ondulações de personalidade só acontece com profundo conhecimento interior.

Superei obstáculos ao aprender que a privação não é sintoma do albinismo, e sim negação à felicidade – declarou, convicto, o doutor em Dramaturgia Americana.

O conhecimento interior teve importância significativa na Filosofia a partir de Sócrates, filósofo responsável pela mudança nas discussões sobre a verdade e o conhecimento, que se inspirou na inscrição do templo de Delfos para construir a sua filosofia: "Conhece-te a ti mesmo". O ato de autotranscendência (autoconhecimento) de que fala Sócrates seria a chave para modificar a relação do Eu consigo, com o outro e com o mundo.

Na vida moderna, o desconhecimento do ser humano em seu potencial é o resultado de uma sociedade construída em pilares instáveis como imagem, consumo, instituidora da padronização do homem sob concepções efêmeras. Fazer fluir o processo evolutivo requer o uso da velha balança para redefinir o *eu* à medida do *ser*. O encontro da verdadeira identidade desligou Roberto Bíscaro das influências externas, propiciando-o desenvolver seu potencial e se afirmar como ser construtivo – expressando o melhor para si e para o outro.

O filho da empregada doméstica e deficiente físico conquistou seu lugar ao sol. Roberto diz ser um morcego à luz do dia, mas embora sua trajetória e os infortúnios vencidos pelo senso de propriedade – causa primeira de suas vitórias – façam dele um urso polar, soube romper a geleira do preconceito.

Empreendedor da liberdade

EX-SEQUESTRADOR, EX-TRAFICANTE, EX-ASSALTANTE, dedicou sua adolescência ao crime, tornando-se chefe da maior quadrilha de sequestradores do país. Condenado a 28 anos de prisão, recebeu ajuda de uma de suas vítimas e criou o Centro de Integração Social e Cultural (CISC), onde já ajudou na recuperação de mais de 5.000 detentos. Entre os encontros memoráveis está o com príncipe Charles.

> *Embora ninguém possa voltar atrás e fazer um novo começo,*
> *qualquer um pode começar agora e fazer um novo fim.*
> Chico Xavier

O sequestro já era prática comum em muitos países europeus antes de se transportar para a América Latina. Na década de 1960, ele nem existia no Brasil.

A América do Sul conheceu o sequestro na Argentina, ainda nos anos 1960, de cunho político, com o objetivo de financiar a guerrilha. Foi nos anos 1970 que o Brasil deixou de ser o oásis seguro para se iniciar na modalidade criminal que engoliu a Colômbia e registrou o nome de Medellín na lista das cidades mais perigosas do mundo. "Era um filé para ganhar milhões de uma só vez e muito mais fácil que traficar drogas" – principiou Ronaldo Monteiro, ex-sequestrador, ex-traficante e viciado em cocaína. E dispara: "Não existe ex-viciado, existe ex-usuário. Pertenço à segunda categoria. Como o AA, cada dia sem a droga é mais uma vitória."

Inteligente, "empreendedor", como ele mesmo se define, Ronaldo empreendeu de maneira profissional e lucrativa o sequestro no país, além de ter sido um dos principais traficantes do eixo Colômbia–Brasil. O ex-criminoso não pode culpar a educação ou a família pelo ingresso na vida criminosa que o condenou a 28 anos de prisão:

– Nasci em Niterói, no Morro do Holofote. Meu pai era motorista, minha mãe professora. O meu avô foi chefe graduado na Lloyd Brasileiro. Aos três anos me mudei para São Gonçalo – moro aqui há 49 anos. Tive acesso à educação, estudei em bons colégios. Não posso dizer que não sabia diferenciar certo do errado ou que não tive escolha. Nada me faltou: boas roupas, alimentação sortida; fui atleta em algumas modalidades estudantis – infância comum.

Aos 13 anos comecei a jogar. Talvez pela curiosidade de jovem, adrenalina, pois eu não precisava de dinheiro. Meus pais supriam as necessidades dos filhos. Comecei a me envolver com jogos de azar e... um jogo, uma vitória, um jogo e uma dívida. Não podia contar aos meus pais das dívidas contraídas, precisava pagá-las. Uma contravenção aqui, outra ali; um abismo leva a outro abismo e, quando se cai no buraco, não é fácil sair. O jogo de azar carrega o sujeito para a boate, onde se experimenta a maconha, o pó. Vicia-se, e daí vale tudo para saciar o vício.

Sempre tive físico atlético, grandão o suficiente para me passar por maior de idade e não ser barrado nas danceterias. A noite ensina a beber, fumar. O jogador de sucesso, e eu fui um, ganha respeito no meio. Ser respeitado foi sensação nova para mim, me deslumbrei com a autoridade que a minha pessoa impunha nas casas de jogos. Iniciei a caminhada na fantasia que é o mundo do crime e das drogas.

Mesmo me sentindo o bacana da vez, tive uma juventude solitária. Os companheiros da noite temiam aproximar-se e sofrerem retaliações; os da escola ficavam distantes da minha vida *gloriosa*. No fundo, sofria discriminação por ser negro numa escola de brancos. Tentava me enganar, desculpar a falta de amizade pela dificuldade de interagir, não queria entender que a exclusão do convite à casa do colega era proveniente da minha cor de pele.

Nunca haviam me falado sobre racismo. Ia à praia, o que precisava eu tinha do meu pai, que pagava colégio, merenda. Pensava ser um garoto como outro qualquer, mas os colegas não se lembravam de mim. Não me perseguiam, mas também não me procuravam. Quando eu queria fazer parte de uma peça na escola *eu* escrevia essa peça, as dos outros garotos não me cabiam. Nos festivais de música, eu compunha a minha música, sozinho. Não havia turma.

Na noite, encontrei respeito, amigos oriundos do submundo, que, de fato, não são amigos. A solidão batia tão forte que não analisei nem quis saber por onde andava. Ser respeitado e temido pelo vagabundo da noite envaidecia-me.

Ao contar a minha história, certas pessoas pensam que sou insensível, mas não sou. Saí do crime graças à injeção de realidade. Não quero ilusões, mentiras rodeando-me como carniceiras à espreita da recaída. A lucidez garante a luz no caminho. Diz que bandido nega o flagrante. Nunca neguei, quando perguntam se matei, digo que matei, sim. Não de forma direta, pegar a arma e disparar na cabeça do sujeito, mas, se um vagabundo da minha gangue matava, e se a segurança desse vagabundo era minha responsabilidade, fui responsável pelo crime cometido por ele, lógico.

Minha atuação no tráfico internacional, por exemplo, não há como passar ileso. Várias pessoas foram minhas vítimas indiretas. Sinto-me responsável por muitos assassinatos, mesmo que a bala não tenha saído do meu fuzil. Eu pratiquei o mal na sua forma mais cruel.

No tráfico, a gente só espera o dia de ser apagado. Morrer é a única certeza. A tensão me levou à prática do sequestro e, quando faço um trabalho, eu me doo a ele. Não fui apenas mentor intelectual dos crimes, mas planejei e atuei na ação.

Depois de passar pelos jogos de azar e pelo tráfico, o sequestro seria como tomar brinquedo de criança. Não havia maneira mais fácil de ganhar dinheiro, muito dinheiro e rápido. Mudei de negócio – sim, porque quem está do outro lado encara essa loucura como um comércio, nada mais. O bandido não treme a mão no instante de queimar o sujeito que não pagou o resgate. A lógica no mundo do crime é a seguinte: pagou, levou – se não, dançou. Entre o meu pescoço e o da vítima que mal conheço, ganha o instinto de sobrevivência.

....

Não existe ex-viciado, existe ex-usuário. Pertenço à segunda categoria. Como o AA, cada dia sem a droga é mais uma vitória.

....

Há 25 anos, a polícia não estava preparada para desmantelar um sequestro, a droga não era a fonte de dinheiro que é hoje. A maioria das pessoas fumava maconha, só rico cheirava cocaína, e eles são minoria. A versão da cocaína, o crack, rende horrores porque caiu no mercado popular. Em qualquer sinal de trânsito compra-se uma pedra.

Encontrei no sequestro um bom campo de trabalho. Com a minha facilidade de planejar, meu dom empreendedor, armar para um ricaço é mais fácil que entrar com drogas pela fronteira. No tráfico também fui o cabeça, planejava tudo. Não há dificuldade em trazer dez, 100 quilos. Carrega-se de ônibus ou de carro, de avião em pista clandestina, ou se usam os três meios de transporte se for o mais seguro. A estratégia do crime aclarava na mente com facilidade. O perigo não é carregar 100 quilos de cocaína, é depois de ela estar aqui, o meu parceiro, por ganância, tirar a minha vida. Pensei: O quê? Vou mudar de ramo.

Certo dia, peguei o jornal e lá estava, estampado na manchete, um sequestro na Bahia, um em São Paulo – o vice-presidente do Bradesco. A minha leitura foi de que eu nascera professor de sequestro.

Fiz o primeiro, o segundo, o terceiro: deram certo, enveredei-me para esse submundo. Com uma vítima conseguia dez vezes mais que uma carga de drogas. De quando em vez as coisas esquentavam, a polícia apertava o cerco, eu fugia para a Bahia, Espírito Santo, Goiás. Qualquer lugar é lugar para o marginal.

Fui preso uma única vez. Espero ser a última. Perguntaram-me se mataria novamente. Todo homem tem seu preço. O meu é a minha família. Nada mais justifica o cárcere.

Eu era bom em me esconder, e a polícia, mesmo oferecendo recompensa por informações, não conseguia me pegar. Por meio de um membro da minha quadrilha, fizeram um retrato meu e distribuíram no país inteiro – espero que o sistema de obter informações tenha mudado e que o Brasil faça segurança pública de maneira diferente do passado, sem torturas. Eles estavam desesperados atrás do tal Ronaldo. Dessa vez eu mudara o esquema de fuga e fui para o Ceará.

Uns parceiros precisaram de mim aqui no Rio. Vim, aproveitei para ver a família. Numa manhã, certo de a situação haver esfriado, saí para fazer exercícios. Praticava esporte diariamente, precisava manter o físico, a destreza muscular para ter agilidade. Bem, fui correr com o cão. No meio do trajeto, uma vizinha deu-me sinal e disse: "Não sei, não, tem muito policial pelo bairro, cuidado." Voltei para casa, deixei o cão no quintal e fui tomar conhecimento da situação. A região estava cercada, impossível fugir. Corri para pegar o armamento disponível, descobri que não portava nem uma 22 – ao fugir, escondera tudo. Relaxei na vigilância por acreditar ser desnecessária a vigília por um ou dois dias em casa. A meu ver, a polícia nem imaginava que eu estava no Rio.

Deus é maravilhoso, estou vivo porque naquele dia não portava arma. O policial que me deu o ultimato disse-me à porta de casa:

"Nós não viemos para prender você, viemos para *te* matar". Ao ouvir o aviso, levantei as mãos e me entreguei. Bastava uma 22: a desculpa ideal para queimarem "o Ronaldo". Em agosto de 1991, fui preso.

Minha sentença: condenado por crime de extorsão mediante sequestro – crime hediondo, 28 anos de reclusão em regime fechado.

Minha mãe tentou suicídio, meu pai morreu duas semanas após a prisão. Então, a tristeza causada por atos impensados tinha de ser combatida. Combato-a com o amor ao próximo, à causa em que trabalho hoje. Minhas filhas souberam da prisão pela TV. Imagine a amargura de ver o pai, em rede nacional, com a manchete "preso maior sequestrador do Brasil"! Muita tristeza, vergonha demais para elas.

A ONG era a minha redenção; hoje, é esperança de muitos. Comecei-a na cadeia. Observava os filhos dos presos em dia de visita, soltos pelo pátio enquanto os pais namoravam. Corriam perigo de serem molestados pelos guardas, porque pedofilia existe em qualquer lugar e filho de preso não tem valor.

Criei um centro de atividades com teatro, desenho, para a garotada. Consegui envolver os pais detentos, no trabalho e na interação com a família. Paralelo ao centro, criei um curso de alfabetização para os presos. Muitos chegavam para mim e diziam: "Ô irmão, escreve uma carta para a minha mãe". Ao perceber que a maioria não sabia escrever, pensei: "Como eles vão sobreviver lá fora, depois da cadeia, sem profissão, mal assinando o nome? Voltarão à marginalidade". A mosca do empreendedor me picou; não consigo ficar parado. Comecei a dar aulas para um ou dois sujeitos. Quando o número de alunos alcançou 15, o diretor nos cedeu uma cela, e nela abri a escola. Atualmente são mais de 20 escolas dentro do sistema penitenciário do Rio de Janeiro, dirigidas por presos. Quebrei paradigmas: dei aula para policial do presídio!

Assim nasceu o CISC, Centro de Integração Social e Cultural, de um projeto piloto desenvolvido no presídio em que eu cumpri pena. Ele alfabetiza, encaminha uma profissão e, quando a turma avança, o Estado a abraça, inserindo cursos profissionalizantes. A comunhão vem dando certo.

A Petrobras é patrocinadora oficial do CISC. Graças a ela e ao espírito empreendedor do Lula, projetos sociais como esse vêm se desenvolvendo, podendo mudar o Brasil. Recebemos pessoas de todo o país interessadas na dinâmica da ONG. Sou convidado para falar do nosso trabalho em diversos estados, em eventos que se tornam palco para trocas de experiências. Conheci em Minas Gerais um trabalho bem interessante que emprega mais de 700 presos – eles saem da cadeia para trabalhar e voltam no fim do dia.

Em Campinas, falei a uma plateia enorme de políticos, diretores de presídios, advogados. No fim, quando abri a perguntas, um diretor de presídio levantou a mão e disse: "Bonito o trabalho de vocês, a gente dá oportunidade de o preso se relacionar com a sociedade, e, durante o expediente, ele mata, rouba e depois volta para a cadeia para dormir e cumprir o resto da pena". Lamentável existir posturas como esta. Há quem desacredita na ressocialização do detendo por vê-lo produto das favelas, sem capacidade e, portanto, sem solução. Como se somente os favelados fossem marginais. Ora, visitei em Tocantins um presídio do Exército. Lá havia desvio de conduta – pessoas que foram treinadas para cumprir ordens, proteger o país. Em um ambiente como esse, há desvio de conduta, é claro que entre o produto da periferia haverá ovelhas negras. Mas nem por isso temos de abandonar cada qual a sua própria sorte, correndo o risco de prejudicar aqueles que querem mudar e sair da vida marginal.

....

Eu sei o céu e o inferno que a droga proporciona. O desespero que ela torna a vida do drogado, o paraíso falso em que ela nos encarcera.

....

O CISC apoia quem quer mudar. Não aceitamos "o talvez", o "vamos ver". Ao entrar num presídio, logo digo: "Não vim aqui vender proposta alguma, nem história, nem religião. Sou produto do meio: trafiquei, sequestrei, fui homicida e tudo mais que dizem de mim. Cumpri 14 anos porque Deus me ajudou, pois minha sentença era de 28. Se eu consegui, você consegue. Quer uma oportunidade?".

Nosso trabalho é mutirão de mãos. Somos a primeira; a família e o Estado são as outras mãos. Tentamos construir uma teia de forças para inserir o egresso na sociedade. Não trabalhamos com viciados. Eles precisam de assistência especializada que não temos nem queremos ampliar.

O viciado necessita passar pela desintoxicação, pela psiquiatria. Ele precisa encontrar uma razão para viver, só então largará o vício. Indicamos casas especializadas e, quando o sujeito se limpa, a ONG o recebe de braços abertos. Quando aparece um ou outro companheiro perdido na cocaína, no crack, eu procuro mostrar a ele a diferença do homem que não se droga. Consigo comer, namorar, praticar esportes, dormir. Viciado só tem energia para inspirar o pó. Na época em que vivia drogado, nem o sexo me fazia falta.

Não existe mal maior na Terra do que as drogas. Tira qualquer um do caminho honesto. Sou viciado em cocaína, o vício não vai embora, a abstinência se torna constante em nossa vida. Sou ex-usuário, caso experimente uma única vez, recaio. Como aprendi a me amar e sei que droga mata, abstenho-me.

Eu sei o céu e o inferno que a droga proporciona. O desespero que ela torna a vida do drogado, o paraíso falso em que ela nos encarcera. Nada vale mais do que a realidade, que é mais bonita e colorida do que qualquer céu artificial.

O cidadão comum experimenta o prazer dos encontros familiares como algo corriqueiro. Montar no fundo do quintal uma pilha de tijolos e assar um churrasco com a esposa e os filhos, para a maioria das pessoas, é rotina de fim de semana. Mas eu, que convivi com sacolas de dinheiro e nunca havia passado próximo do prazer porque vivia drogado, sinto-me maravilhado com a oportunidade de conviver com a família. Casei-me com uma ex-detenta, tenho cinco filhos e só aos 52 anos conheci a felicidade, a paz. Viciado não come, só bebe e fuma o dia inteiro. Não é vida para ninguém. Após três overdoses, uma senda de crimes, estar vivo é um milagre. Cumprir 14 anos de quase 30 também é milagre.

Meu destino seria ficar mofando em algum presídio de segurança máxima enquanto contava com a sorte porque não podia contratar um bom advogado. Certo domingo, dei de cara com um grupo de cristãos visitando os presos. Um deles me perguntou se eu queria conhecer Jesus. Fiquei ouvindo alguns minutos e cansei. Aleguei que os meus conhecidos nunca me amaram e que raio de Deus era esse que me amava sem nunca haver me visto. Aos poucos, fui cativado por esse amor maravilhoso que nos modifica, renasce e dá nova chance. Rendi-me a Ele.

Daí em diante, comecei a receber ajudas surpreendentes para a escola do presídio. Até Jair Rodrigues me ajudou com equipamentos. No entanto, a maior surpresa foi a ajuda de uma das minhas vítimas: Custódio Rangel Pires. Essa vítima estava marcada para morrer. A ordem que eu tinha era sequestrá-lo, receber o dinheiro e matá-lo. Mesmo sabendo de tudo, ele procurou minha família e ofereceu ajuda. Graças ao advogado dele, cumpri metade da pena.

Na vida do Custódio, aconteceu um milagre também. Não conseguimos sequestrá-lo. Ele simplesmente tornou-se invisível, desapareceu no meio da operação. Havíamos estudado a rotina dele por dias. O Custódio tinha o costume de entrar com o carro na garagem, olhar para o céu – não sei se rezava, admirava –, ficava lá, olhando para cima alguns minutos, atravessava o jardim e entrava em casa. Montamos tocaia próximo à garagem para pegá-lo. Ele entrou como de costume, mas desapareceu.

Mais de dez homens vestidos como policiais, equipados com rádio, binóculos em cima dele, ruas fechadas; não havia como sair da garagem sem ser visto. Invadi a propriedade e não vi o carro dele. Fiquei doido, pois ele havia entrado, não havia outra saída. Procuramos e não vimos nem sinal do carro dele. Incrível, porque o carro estava estacionado, o Custódio saiu com tranquilidade, entrou em casa, e nenhum de nós o viu. Nós o perdemos e não há outra explicação a não ser algum acontecimento espiritual. Deus não quis que o Custódio morresse naquele dia.

....

O homem que eu iria matar foi meu maior apoiador.

....

Custódio conta que teve um sonho comigo onde alguém o mandava me ajudar. Ao levantar, ele telefonou ao seu advogado e o contratou para me tirar da prisão. Quando saí, o Silva Neto me levou ao Grupo Rangel para conhecer o homem que havia me libertado da cadeia. No escritório, o Custódio disse que Deus o mandou me ajudar, pegou um talão de cheque e perguntou de quanto eu precisava para montar meu negócio. Respondi que precisava de emprego. Ele se levantou, levou-me a uma sala de uns 70 metros quadrados e disse: "Você vai trabalhar aqui".

Fiquei lá uns três meses com pouca ou nenhuma atividade. O Custódio me perguntou o que eu sabia fazer. "Ora, sei trabalhar com presos e quero continuar" – disse-lhe, ao que ele respondeu: "Você pode fazer isso aqui. Colocarei um computador, telefone, carro e avião à sua disposição. Use como quiser".

Comecei a trabalhar. O Custódio havia me oferecido tudo, menos salário. Fiquei na minha, trabalhei sem saber quanto eu iria receber. Viajei para conhecer presídios do país inteiro, falar com empresários. O tempo passava, ninguém falava em salário.

Ao fim de um mês e pouco o Custódio deu-me ajuda de custo. Pagamento, nada. No Natal, os funcionários receberam cesta, eu nada. Não perguntei, imaginei que me discriminaram por eu ser ex-detento. No fim da distribuição da cesta, o diretor financeiro disse-me que a minha estava com ele. Pensei logo que, por eu ser ex-presidiário, meio "passa-fome", ele me presentearia com duas. Mal sentei e o diretor me deu um envelope com meu primeiro salário do meu primeiro emprego, que durou dois anos e que me faz chorar todas as vezes que recordo a bondade do Rangel.

Frequentei a casa do Custódio, onde fui tratado com carinho. Que vergonha e, ao mesmo tempo, que alegria por saber que há pessoas conhecedoras do amor de Deus, do perdão! O homem que eu iria matar foi meu maior apoiador. Ele me arranjou parceiros como a Petrobras e outros. *Ele* apoiou meu sonho! Fiz da casa que morava desde criança a sede do CISC, espaço que é esperança de muitos. O Custódio me ajudou a ajudar centenas de ex-detentos. Quem vivencia uma prova de amor assim não pode virar as costas para Deus.

Dentro da cadeia, me conscientizei de que a marginalidade é ilusão. Atrás das grades, família, dinheiro, poder tornam-se miragens. Na verdade, nunca existiu o bacana da vez. Nunca houve riqueza e, se houve, as drogas não me deixaram usufruir. Ilusão e mentira, isso é a vida do bandido. Seu fim? Morrer. Na prisão a parte menos dura é a cela.

No meio de tanto desamor eu ouvi dizer que alguém me amou sem que eu fosse merecedor desse amor. Tais pessoas que entram nos presídios para semearem o amor de Deus estão na Sua companhia. Caso contrário, jamais entrariam naquele lugar, onde o desespero e a tristeza escorrem das paredes. Depois, vivenciei a expressão do amor de Deus nas ações de pessoas que nem me conheciam. Nem mesmo eu me amava! Aprendi por meio delas. O amor transformou a minha vida. Ao aprender a me amar, pude estender o sentimento ao outro. Acredito ter sido poupado por Deus para ser um instrumento de ajuda. Sou prova viva de que o homem pode mudar.

O Ronaldo que abordava pessoas para trancar num quartinho e trocar por mala de dinheiro passou a abordar pessoas e instituições para praticarem, junto com ele, a solidariedade. Podemos e devemos estender a mão para reerguer pessoas. Certas vezes, penso em parar. A cada instante que me deparo com empresários ou entidades governamentais desinteressadas no bem social, me dá vontade de abandonar a luta. A cidade é responsabilidade do Estado e da sociedade. Nada é mais difícil do que convencer um empresário a colaborar com o espaço de que *ele* usufrui tanto quanto o cidadão comum. Ele crê ser o empreendimento o seu ganha-pão e dele não descasca nenhuma migalha para melhorar o país. Gostam de falar mal do governo, aliás, nesse ambiente só se ouvem críticas ao Lula. O Estado não faz muito, é verdade, mas faz mais do que seus críticos.

Não há maior felicidade do que ouvir de alguém o que eu ouvi de um rapaz há pouco tempo: "Ronaldo, se não fosse você eu estaria morto".

Nas horas de desânimo, lembro-me do Cara que amou o mundo e me fortaleço. Há segmentos interessados em praticar solidariedade, reconstruir o país. A imprensa, por exemplo, apoia a ONG toda vez que divulga nosso trabalho. É um grande instrumento que sensibiliza os corações duros que acreditam ser o bandido merecedor de morte, não ter salvação. É disso que o Brasil precisa, de gente como os jornalistas, a direção da Petrobras, os Custódios da vida. Não há governo capaz de mudar nada sem a ajuda da sociedade.

O Centro de Integração Social e Cultural já estendeu a mão para mais de cinco mil detentos. Nosso índice de recuperação é de 90%. Muitos empreendimentos do Rio são frutos do CISC, desde fábrica de chocolates até empresa de reforma e construção. Mágica? Não, muito trabalho, determinação. Aqui ensinamos uma profissão. Junto dela, a única maneira que conheço de existir: longe das ilusões, das mentiras.

A verdade liberta – não há terapia melhor do que a feita com Deus; nada se compara à sensação de paz. Não há maior felicidade do que ouvir de alguém o que eu ouvi de um rapaz há pouco tempo: "Ronaldo, se não fosse você eu estaria morto". Ah, é alegria inexplicável – confessa Ronaldo Monteiro, homem firme de olhar inquisidor, daqueles que penetram a pele e detêm o poder de nos adivinhar. Há tempos a voz grave trocou o tom ameaçador pelo canto de esperança.

Ressocialização no sistema prisional é tema discutido nos mais distintos círculos intelectuais, congressos e simpósios. No entanto, encontra dificuldades na elaboração de políticas de reintegração por causa do preconceito contra o preso.

É estupidez imaginar que homens amontoados como animais podem, um dia, voltar à sociedade recuperados. Os presos, em sua maioria, são jovens oriundos das camadas sociais mais pobres. Não tiveram acesso à educação nem à formação profissional. O futuro desses homens é cumprir pena e se reintegrarem à marginalidade – única *fonte* de renda conhecida. Já o futuro da sociedade será o encarceramento em condomínios de muros altos, sistemas de segurança de última geração, automóveis blindados: "ver o mundo enquadrado", como diz a música de Adriana Calcanhotto.

Certos membros da sociedade brasileira consideram a reinserção de ex-detentos um desperdício de dinheiro público, mas desperdício é deixar como está: a população carcerária no Brasil é composta fundamentalmente por jovens entre 18 e 29 anos. Os filhos do amanhã.

Ronaldo sabe que valorizar o preso, tratá-lo como pessoa, é o caminho para a recuperação da conduta delituosa, redução de reincidências, diminuição dos índices da criminalidade. Tornar a sociedade mais justa – eis o sonho de Ronaldo Monteiro. Ele crê que, se sonharmos juntos, romperemos os cadeados, destruiremos os muros. Sonho possível, desde que cada homem seja empreendedor da liberdade.

No vale da escuridão

ESSA PAULISTA QUE FOI CRIADA EM CURITIBA passou por três casamentos, sendo um deles com um paraplégico. Como ela mesma conta, "não tinha tempo para ser infeliz", pois suas 24 horas eram tomadas pelas tarefas de mãe de três filhos e pelo treinamento a crianças surdas ou mudas. De repente, seu mundo ruiu. Lênia Luz se viu paralisada numa avenida de Curitiba, sem conseguir gritar e com a nítida sensação de que iria morrer. Foi quando ela descobriu que tinha síndrome do pânico. Desse dia em diante sua vida se transformou. Mas o pior ainda estava por vir.

> *Neste mundo vocês terão aflições;*
> *contudo, tenham ânimo!*
> *Eu venci o mundo.*
> João 16.33 – NVI

"Mãe, acenda a luz", é o pedido de socorro de uma criança com medo do escuro. Há pais que mantêm o abajur ligado por toda a noite, precavendo-se da lamúria noturna. A ansiedade contida pela fresta de luz é um processo mental chamado regulação pelos vínculos – a criança se acalmou mediante fator externo que lhe devolveu a confiança. A mãe, que não tem medo do escuro, pode ter medo de cão; no entanto, ao ver-se frente ao animal, respira fundo e regula o seu estado interno, em processo conhecido na psiquiatria como autorregulação emocional. Ambos os processos são normais, necessários e importantes ao longo da vida.

Existem pessoas que sofrem transtornos de súbita ansiedade, acompanhados por sensação de catástrofe iminente, e que vagam pelos consultórios do mundo inteiro sem que ninguém seja capaz de dizer-lhes a verdadeira origem dos seus males.

Em 1980, a Associação Americana de Psiquiatria classificou o transtorno como síndrome do pânico, doença mental que leva a inesperadas crises de ansiedade sem causa aparente. A classificação diagnóstica desse desespero atávico, como se a pessoa estivesse sob risco de aniquilamento e morte, diz ser a associação decorrente tanto da precária capacidade de autorregulação quanto da fragilidade no processo de regulação pelos vínculos, relacionando-o com crises disparadas pelas situações de separação na infância.

Lênia Luz é exemplo de como a instabilidade da infância pode trazer, na fase adulta, vivências profundas de desconexão e desamparo, gerando crises de pânico. A paulista que se tornou curitibana por usucapião (afinal, Lênia vive na capital paranaense desde os quatro anos), mantém na memória a depressão da mãe, oriunda do divórcio.

– A lembrança da infância é a de ver minha mãe chorando pelos cantos da casa, com muito medo – balbucia Lênia, com aquele sotaque marcado pela pressa e suavidade, próprio do Sul.

Em meio ao sorriso nervoso de quem vai revolver o canteiro do desvario, Lênia vacila, nos primeiros instantes, sobre o que fazer comigo. Convida-me a sentar no sofá, mirando a sala de jantar, e indica-me a poltrona à sua direita, ocupando-a em seguida. A mão fria como gelo me dirigindo ao grande sofá declara a tensão da moça. Relembrar a escuridão é grande esforço para a fonoaudióloga que pensou ser a saudade do pai a vivência mais dolorosa que a vida poderia lhe apresentar:

– Após o divórcio, minha mãe resolveu tentar a vida em Curitiba, acreditando que a depressão passaria se saísse de São Paulo e deixasse as lembranças pra trás. Decidida, montou casa, arranjou emprego e buscou a mim, Liliana e William, meus dois irmãos mais velhos.

Em dois meses ela já era nova pessoa; os anos de convivência com o marido alcoólatra e o estresse da separação sumiram por causa da mudança de ares e dos antidepressivos. Sem o remédio, minha mãe mal conseguia andar sozinha. Muitas vezes fui sua companhia para o trabalho. Adorava, pois minha mãe atendia o setor de obstetrícia, e eu podia observar os recém-nascidos no berçário – achava lindo.

Naquela época, ninguém falava em síndrome do pânico, consultar psiquiatra era para loucos, então minha mãe se tratou com neurologista. Aos poucos reconstruiu a vida. Com três filhos pequenos para alimentar, mãe trabalhava noite e dia, foi tão boa enfermeira que a chamavam de volta ao hospital durante sua folga. Para ajudá-la a conciliar serviço, filhos e casa, havia minha avó, que supria a ausência de mãe. A avozinha que me deixou tantas saudades foi muito carinhosa com os netos. Viveu em nossa função.

De quando em vez, visitávamos o pai. Vê-lo me era tão especial que eu me esforçava para ser a melhor, a mais inteligente, capaz de abraçar a família, protegendo-a de tudo – representava o papel da superdotada para motivar novos encontros. Ao longo da vida, incorporei a mulher-pode-tudo, capaz de resolver os problemas alheios.

A adolescência foi período sereno, sem muitas festas ou namorados como acontecia com as minhas amigas. Comecei a namorar aos 14 anos, e esse namorado virou meu primeiro tudo, inclusive primeiro marido. Aos 21 anos, já estava casada e, como toda virgem inexperiente, grávida.

Terminei a faculdade depois do nascimento de Gabriela. Meu marido deixara a Polícia Militar para trabalhar numa empresa de segurança. Dias antes de confirmar a segunda gravidez, ele foi transferido e nos mudamos para o noroeste do estado.

Saí da maternidade com o coração apertado, alheia ao bebê em minhas mãos. A depressão pós-parto não se deu por causa do nascimento de Natália, mas pela solidão que se apossou de mim. Sempre fui ativa, debruçava-me nas tarefas até vê-las concluídas ou encaminhadas, sem dividir trabalho, e em Maringá estava ociosa.

A gente sai em busca de ajudar o outro e acaba por encontrar ajuda para si.

Em Curitiba a vida era mais fácil, tinha inúmeros amigos, participava do serviço social da igreja, atendia crianças com deficiência auditiva e de linguagem como voluntária nas escolas da periferia. Trabalhava muito, mal tive tempo de perceber a crise instalada no casamento. Maringá trouxe-me a ociosidade, dividia meu tempo em cuidar dos filhos e da casa. A tristeza se apoderou de mim, chorava o dia inteiro.

Como minha formação religiosa é presbiteriana, passamos a frequentar a igreja mais próxima na tentativa de pôr fim ao sofrimento. Não deu outra, a igreja aumentou o círculo de amigos, abrindo chances de envolvimento nos serviços sociais. Nunca fui de esquentar banco, comecei a desenvolver projetos para todos os departamentos, passei desde o infantil até o de casal. Cheguei a orientar o coral com técnicas de respiração.

Aos poucos o ânimo voltou e eu resolvi engravidar outra vez – achei que o terceiro filho faria o casamento entrar nos trilhos. Por um período a relação melhorou, a tristeza sumiu diante do cheirinho de bebê em casa. Se não fosse o falecimento do meu pai, o nascimento do Daniel, primeiro filho homem, teria sido uma festança.

A morte do meu pai mexeu comigo, durante anos tivemos um relacionamento complicado, justamente nesse ano voltamos a conviver como pai e filha. Visitei-o algumas vezes em São Paulo, levei a Gabriela para ele conhecer e, quando me preparava para levar Natália, a gravidez surgiu, o tempo foi passando, até que ele morresse. Como meu pai nunca colocou os pés em Maringá, não pôde conhecer os outros netos.

Caí num quadro melancólico indescritível. Perguntava a Deus o porquê de Ele tirar meu pai, se eu fora destinada a ser órfã, aliás, foi assim que me senti: órfã de pai e Pai. Mais uma vez, remediei a dor com trabalho. Arranjei emprego numa escola para surdos, outro na escola evangélica onde meus filhos estudavam e montei meu consultório de fonoaudiologia.

De quando em quando, vinha-me certa amargura, mas eu a espantava com trabalho. Não me dava o direito de pensar na dor, ademais não tinha com quem desabafar, minha mãe estava feliz com o seu segundo casamento e não quis estragar o seu momento. Jamais pensei em procurar terapia, achava meio ridículo sentar-me de frente a um estranho para falar das dores que me assombravam sem motivo aparente. Mergulhei no trabalho, acreditando que o cansaço eliminaria o sentimento de solidão – pelos oito anos em que moramos em Maringá, funcionou.

Meus dias oscilavam da tristeza à apatia, sempre fugindo da dor, remediando-a com trabalho, trabalho. Hoje acho isso meio louco, mas eu vivia me escondendo de mim mesma, achando que se não encarasse os problemas eles se resolveriam por si só. No fundo, estava perdida num mar revolto, pois meu casamento não andava nada bem.

Não havia brigas de casal, não me recordo de nenhuma discussão. Mal conversávamos. Ele viajava para Porto Alegre, para onde fora transferido, e às vezes dedicava 15 dias à família. Como firmáramos compromissos na igreja, *eu* liderava o grupo de casais.

Encarei as responsabilidades da família sozinha. Meu marido, em princípio, não queria sair de Maringá por receio de a transferência ser momentânea. Não houve outro jeito, fomos embora.

Ele trabalhava em Eldorado, cidade próxima a Porto Alegre e Canoas. Optamos por morar em Canoas, devido ao custo de vida mais barato. Pela manhã, ele saía para o escritório, retornando tarde da noite. Eu administrava a casa, levava as crianças à escola, frequentava a academia... nada mais, tinha vida de dondoca. Não trabalhava, e, mesmo se quisesse, não poderia, porque a igreja, meu elo com a cidade, ficara para trás.

A paz me abandonara. Até levar as crianças à escola tornou-se um inferno – como eles estudavam em Porto Alegre, eu me via obrigada a pegar a BR duas vezes ao dia, atravessar dois grandes viadutos congestionados; tensão demais para quem se acostumara com a tranquilidade da cidade do interior. Em Canoas tudo terminava em estresse. O clima não ajudava, enfrentava frio terrível e céu cinza, quase não avistava sol, o que aumentava a solidão.

Perdi a identidade. Acreditava ser o período de adaptação, nunca cogitei a hipótese de estar deprimida – a meu ver, eram fases que eu controlava com ocupação.

Decidi procurar emprego. Passava à porta da Pestalozzi, diariamente. Certo dia, deixei meu currículo e de lá fui direto à PUC me inscrever no mestrado em Educação. Após 15 dias, voltei à rotina de afazeres múltiplos. Correr o dia todo me protegia de mim.

O povo gaúcho, apesar de solidário, demora a "engrenar a marcha". Fazer amizades por lá não é nada fácil; dessa vez, o canal de interação foi a Pestalozzi. Trabalhava na escola pela manhã, e nas terças-feiras, participava do grupo de estudos sobre crianças com dificuldades de aprendizagem. A gente sai em busca de ajudar o outro e acaba por encontrar ajuda para si. Graças aos estudos me interessei pela psicanálise. Passei a ler tudo sobre convivência, depressão. Talvez a autoanálise tenha desencadeado o turbilhão contido em mim por anos.

Em março de 2002 veio a primeira crise. Na volta da escola, bem no meio do viaduto congestionado, paralisei ao volante. O trânsito, as crianças no banco de trás... nada existia. O coração batia como se saísse pela boca, as mãos suavam, pensei que fosse morrer. Olhava o rio, cogitando jogar o carro lá embaixo, não para me suicidar, mas para fugir do pavor provocado... provocado... aí é que está o problema... não havia motivo aparente para o desespero sentido. Creio que o amor de mãe tomou o controle, um feixe de razão me ajudou a arrancar o carro e sair dali.

Foi uma experiência tão forte que não pensei nela nem no porquê de havê-la vivenciado. Não contei a ninguém.

A segunda crise se deu à porta da escola. Estacionava o carro, e o segurança me entregava as crianças. Nesse dia, eu não consegui colocar as crianças para dentro. Elas batiam no vidro, enquanto eu sumia dentro de mim. Novamente veio a falta de ar e a sensação de que eu estava morrendo. Não há razão, somente a voz dizendo: eu vou morrer, vou morrer, meu Deus! Alguns minutos depois, os batimentos cardíacos desaceleraram, e eu recobrei a consciência. Ao entrar em casa, fingi tranquilidade, mas um vulcão esquentava-me o peito.

Após a terceira crise, procurei a chefe da psicanálise da Pestalozzi e relatei o que vinha me acontecendo. Beatriz me pediu exames, fez as perguntas de praxe sobre casamento, trabalho, família. Sentia dificuldade em responder, pois, conscientemente, a vida melhorara. Na verdade, afoguei os problemas tão ao fundo de mim, que nem eu sabia da sua existência.

....

Olhava o rio, cogitando jogar o carro lá embaixo, não para me suicidar, mas para fugir do pavor provocado... provocado... aí é que está o problema... não havia motivo aparente para o desespero sentido.

....

Os exames acusaram um tumor na hipófise. Ele nada tinha a ver com as crises, mas estas serviram para encontrá-lo em tempo. Meu mundo rompeu-se. Larguei o trabalho e me dediquei ao tratamento. Em pouco mais de 15 dias, perdi 13 quilos, sumi. Juntou tudo: as crises de pânico, a quimioterapia e a depressão decorrente dela – minha vida se resumiu a um quarto escuro e silencioso. Não queria conversa com ninguém, quebrei a lâmpada do quarto. Bom para mim era somente a manta xadrez que me enrolou por meses. Refugava o banho, apenas a Natália conseguia me colocar embaixo do chuveiro.

Fui atropelada pela catástrofe, procurei tratamento para crise de pânico e encontrei um tumor. Tive o apoio do meu irmão durante a quimioterapia, a Gabriela assumiu a casa, a Natália tornou-se a enfermeira do banho.

Com o tratamento, o tumor regrediu, mas as crises de pânico permaneceram. Fraca, desorientada pelos calmantes, voltei à terapia. Iniciei o controle da síndrome com 25 gotas de Rivotril, três vezes ao dia. A psicanálise aflorou pontos nunca avaliados por medo de destruir a família. Fui criada com a ideia de o casamento ser um compromisso eterno, sagrado, mas não deu para ignorar que o meu chegara ao fim.

Nessa época, experimentei a maior prova de amor que alguém pode oferecer. Antes do tumor, fizera amizade com uma pernambucana pela internet, num portal de fonoaudiologia. Quando essa amiga soube da minha enfermidade largou sua vida em Recife para me prestar socorro. Imagine, alguém que lhe conhece por e-mail abandona sua rotina para ajudar uma estranha. Por 20 dias, Aline cuidou de mim, da minha casa, dos meus filhos, levantou meu moral. Sou-lhe grata, eternamente.

Na despedida, entre lágrimas, cantando "Emoções", do Roberto Carlos, Aline me encarou séria e disse: "Lênia, prometa-me que você será feliz, será feliz, será feliz". Regressei do aeroporto, arrumei a mudança, voltei com os meus filhos para Curitiba. Eu tinha prometido buscar a felicidade.

Diante da iminência da separação, meu marido quis recuperar o casamento, fazer por mim tudo que ele nunca fizera, mas era tarde para nós ou qualquer reparação. No auge da doença, pesando 41 quilos, um cadáver, tinha de aceitar sua exigência em fazer sexo. Que absurdo!

Precisei de muitas sessões de terapia para arrancar do peito a mágoa. Relação sem diálogo, sem briga, não pode ser saudável. Uma das poucas lembranças que ainda não superei foi a que ocorreu na chegada do meu irmão. Ele pediu demissão do emprego para me acompanhar na doença, e o mínimo que podíamos fazer por ele seria buscá-lo na rodoviária. Pedi ao Porcides para buscá-lo, e ele, frio, respondeu: "O irmão é seu, busque você, ou pelo menos vá comigo". Mal pude acreditar no que ouvi, eu estava um trapo jogado na cama, sem energia para comer, sofrendo enjoos de hora em hora, e o Porcides queria que eu me levantasse e fosse resolver a parada! Suas palavras escancararam a falta de incentivo e apoio que enfrentei no casamento. Percebi que eu apoiara a vida inteira, mas nunca recebera. Por isso estava tão esgotada. Como um pote que despeja água mas não é reabastecido, eu me exauri.

A terapia me ajudou a combater a necessidade que sempre tive de ser a mãezona dos outros. Legado da infância. Desde pequenina, ser a melhor, a meu ver, garantia o amor do meu pai. No aniversário de quatro anos, ele chegou bêbado, com o toca-discos nas mãos e disse: "Se você cantar, sem errar, a música 'A Montanha', o papai vai lhe dar esta vitrola". Ele dava prêmio de produtividade a uma criança! Minhas redações de férias tinham de alcançar nível de adulto, senão meu pai reprovava. Cresci acreditando ser Super. De superfilha, quis me transformar na supermãe, supermulher. O que viesse haveria de ser resolvido pela super-Lênia. Resultado: a super-Lênia transformou-se num trapo ambulante.

Com a psicanálise, diminuí a medicação, voltei a me sentir serena.

A fonoaudiologia me abriu o universo do deficiente físico, e, como nunca fiz nada pela metade, mergulhei nos movimentos de defesa, projetos de inserção. Foi então que conheci meu segundo marido. Sérgio é paraplégico e foi o terror da minha família, o preconceito foi geral. Minha mãe passou um ano sem falar comigo. Meus amigos achavam que eu tinha pirado. Meus filhos o adoram, creio que eles o viam como outro filho meu, e não o homem que tomara o lugar do pai. Claro que o Sérgio é um homem maduro, mas requer cuidados, ajuda no banho, higienização. Cuidei dele com prazer. Começamos uma relação de trabalho e tivemos um lindo caso de amor que chegou ao fim.

Fui atropelada pela catástrofe, procurei tratamento para crise de pânico e encontrei um tumor.

Eu dizia a ele: "Posso empurrar a sua cadeira de rodas para sempre, no entanto jamais empurrarei você". A frase ficou na promessa, quando dei por mim já tomava conta das nossas vidas. O surgimento da super-Lênia desencadeou novas crises, tive crise dentro do consultório, ao lado de paciente, um horror. Antes de retornar à escuridão, retomei o controle.

A dependência do Sérgio desmoronou nosso casamento. Não a dependência física, mas a psíquica. Ele precisava de mim para colocá-lo para frente, aquela mesma armadilha: alguém para estimular, enquanto não havia ninguém para *me* estimular. Tal situação recordava-me as sensações experimentadas ao lado do meu pai, quando eu tinha de ser a melhor. Mas eu queria ombro também! Por um dia que fosse, eu queria ombro para chorar, me apoiar, e não costas para empurrar, como fiz com meu primeiro marido.

Nessa época não havia dinheiro para terapia. Virava-me com a Assistência Social. A sorte foi encontrar Maria Helena, psiquiatra do Centro de Assistência.

Mal me sentava no consultório, Maria Helena pegava o bloco de receitas e perguntava: "O que acha, esperamos até a próxima consulta ou você sente que precisa da medicação já?". Entendia a pergunta como desafio, e foi esse desafio que me libertou do medicamento. Acreditei ser capaz de um dia, mais um dia e outro dia sem remédio. Fui. Houve momentos em que pensei não dar conta, precisava do Rivotril. Nessas horas fazia exercícios de respiração e me controlava.

Venci a etapa. Não sei se síndrome do pânico tem cura, mas tem controle. Como se eu tivesse seis dedos na mão esquerda, mas evitasse usar o sexto, pois ele dói, altera o equilíbrio.

Aprendi a detectar os sintomas antes de eles se instalarem. Na noite passada mal dormi porque sabia que hoje iria reviver minha história, e isso me deixou ansiosa. Levantei-me pela manhã, respirei e fiz uma viagem interior. O mais importante para o ser humano, especialmente o que tem transtorno mental, seja ele depressão, tristeza clínica ou síndrome do pânico, é viajar pelas próprias emoções. Inquirir a si mesmo sobre a alteração emocional pode evitar que ela alcance o nível da tragédia.

Controlo as crises buscando me conscientizar do motivo de desorientação, mediante esse conhecimento, consigo serenidade para enfrentar o que for preciso.

Um dia de cada vez, esse é o meu lema. Hoje, estou no meu terceiro casamento, feliz; procurei ombro e encontrei um enorme. O Márcio é amigo, não tem altos e baixos; ao contrário, ele é calmo.

Nunca fui notívaga, mas tenho uma amiga que não ficaria em paz enquanto não me levasse para a balada, "pelo menos uma noite", dizia ela. Na tal noite, conheci o Márcio. Estamos juntos há três anos, dessa relação nasceu o Vitor. Ele não foi um filho programado, mas aconteceu e o amo perdidamente.

O nascimento do Vitor pôs a minha atual filosofia à prova. Um bebê de sete meses requer cuidados constantes, quase 24 horas de dedicação, e o Vitor me mostrou que consigo diferenciar o *quase* do *todo* o tempo. Dedico a ele o meu melhor, não o meu tudo. Isso me leva a crer que estou recuperada. Sou boa mãe, esposa, dona de casa, profissional, porque dedico o meu melhor e não o meu tudo – há diferença nessa composição, aprendi administrar a dose eficiente de amor, o que eu ministrava nas pessoas era excesso.

Márcio gosta de cuidar das coisas e eu o deixo fazê-lo, cuidamos juntos. Depois de expulsar o ar de super-herói, minha vida deu certo. Meu autocomando é: deixe as coisas fluírem, Lênia. Sinto-me um quebra-cabeça pronto, revelado. Juntei uma peça ali, aqui, revelei a imagem.

O tumor continua aqui, faço exames periódicos – o importante é mantê-lo na cápsula. Nem o câncer resiste ao sentimento de paz. A síndrome de pânico age dentro de mim como a febre na infecção, avisando que há algo errado; quando isso acontece, medico com exercícios, autocontrole, corrijo o procedimento, e a febre do pânico desaparece.

....

> *Dedico a ele o meu melhor, não o meu tudo.*
> *Isso me leva a crer que estou recuperada.*

....

O vento que me jogou num precipício tornou-se meu melhor amigo, ele me informa o aumento da temperatura interior. Inverti os papéis com o pânico, *eu* o controlo.

Tenho trabalhado com inclusão social por me possibilitar tempo maior em casa. Ligo partes com interesses comuns para, quem sabe, desenvolverem algum projeto, trabalho, enfim. Recebo e-mails de todos os estados brasileiros, uns enviando sugestões para essa ou aquela feira em que estou engajada, outros divulgando programas, informativos em geral. Chegam a mim, também, palavras de apoio, outros e-mails pedindo conselhos, geralmente escritos por pessoas que vivenciam a síndrome. Pânico não é doença particular, muitos brasileiros sofrem do transtorno, a maioria não tem como se tratar – psiquiatra ainda é, no Brasil, artigo de luxo.

Aos pedidos de conselho, costumo repassar a minha experiência. Acredito que cada indivíduo responde às situações de modo diferente, e a única maneira que conheço de vencer a síndrome do pânico é o autoconhecimento. Assim como usamos cosméticos para disfarçar as olheiras, temos de fazer plástica na consciência e corrigir nossa postura frente aos problemas, ou seja, só conseguirei combater meus medos se eu conhecer suas origens. Cremos serem os problemas gigantes, mas não são. São do tamanho que os permitimos.

Remédio não cura depressão, a minha cura foi possível quando passei a ter fé em mim, afirmar para mim mesma que não iria morrer de tristeza. Atualmente, se me sinto triste com o trabalho, penso num modo de resolver, mudar de função ou me motivar. Estou arrasada com o fim do casamento?! Chorarei, sim, vou me dar o direito do luto, claro; depois, acelero o passo, porque não dá para viver acuada pelo medo. É louco isso, sabe... temer, mas é real e pode ser controlado.

O controle está na conscientização de não haver força superpoderosa, e sim a capacidade de superar o dia de hoje. Amanhã... não sei, talvez nem haja o que superar, embora, se houver, procurarei enfrentar em vez de fugir. Não pertenço mais ao país do impossível. Não crio muros para me aprisionar, não me acho autossuficiente nem temo o futuro. É isso, um dia de cada vez, sem me perder de vista – decretou Lênia, enquanto me conduzia à mesa do café. Nesse momento, suas mãos expandiam calor.

Pensadores do mundo inteiro vêm desconfiando de que o homem se acha à beira do abismo, na iminência de destruir a si próprio. Nem religiões nem deuses poderão impedi-lo. Tais intelectuais sugerem ser necessário inventar a "pílula dourada" para alterar a química do ser humano. Ideias bem mais simples são abordadas em textos acessíveis, como os de Krishna, que ensinaram ser o pensamento do homem voltado para a glorificação do ego, mergulhado na capacidade de vir-a-ser e desatento no ser.

Os ensinamentos de Jiddu Krishnamurti consistem na afirmação de que a urgente mudança da sociedade só pode acontecer por meio da transformação da consciência individual, sem delimitações que sejam impostas por organizações humanas. O pensador realça a necessidade do autoconhecimento, junto à compreensão das influências restritivas e separativas dos edifícios que compõem a sociedade, desde os religiosos até os nacionalistas, perpassando pelos condicionamentos imaginários – provocados pelo medo e incompreensão.

Discorrer sobre Krishnamurti é exercício ingerente, já que os textos desse homem possuem o ritmo certo, tornando qualquer complemento ou interpretação exibicionismo desnecessário.

Um de seus ensinamentos traduz a história de Lênia Luz, uma mulher saída do vale da escuridão, transportada pelas asas da lucidez.

> *Para se ser livre do sofrimento, é necessário compreender, consciente e inconscientemente, todo o seu processo. Isso só é possível vivendo com o fato, olhando-o sem motivo. Deveis perceber as manhas de vossa mente, suas fugas, as coisas aprazíveis a que estais apegados e as coisas desagradáveis de que deseja vos livrar com rapidez. Cumpre observar o vazio, o embotamento e a estupidez da mente que só trata de fugir. E pouca diferença faz se foge para Deus, para o sexo ou para a bebida, porquanto todas as fugas são essencialmente a mesma coisa.*

O escultor da esperança

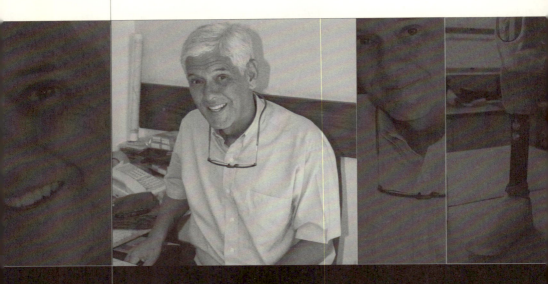

UM ACIDENTE DE MOTOCICLETA levou Marco Antônio Guedes a amputar a perna esquerda. Mas isso não o impediu de terminar o curso de Medicina e viajar pela Amazônia, atendendo à população carente. Sofrendo na pele a falta de especialista em traumatologia, foi buscar na Europa avanços para o tratamento a amputados. O médico recebe em sua clínica dezenas de profissionais da saúde para ensinar o que ele aprendeu: "O limite do amputado está dentro dele. O problema está sempre dentro da gente". Apesar de deficiente físico, Marco Antônio tornou-se exímio jogador de tênis.

Talvez a morte tenha mais segredos para nos revelar que a vida.
Gustave Flaubert

A vida é um perpétuo processo de escolha. Todas as manhãs decidimos que roupa vestir, se vamos percorrer o mesmo trajeto ao trabalho ou inovar. São inúmeras decisões num só dia.

Decisões banais não exigem consideração profunda ou critérios bem-definidos, mas nem tudo é assim. Há decisões sérias e, consequentemente, mais difíceis de serem tomadas devido ao seu poder de transformação. A pergunta lógica que vem à mente é: Faço isso ou aquilo? Ao se deparar com a dúvida, o homem procura avaliar, junto a alguém da sua estreita confiança, a direção a seguir.

Com auxílio dos pais, melhor amigo, parceiro ou objeto de fé, tentamos dissipar a dúvida de que decisão tomar. Frases como "conselho se dá a quem se pede", "conselho é bom para quem dele precisa" são clichês usados para, de algum modo, limitar a considerada "boa intromissão" na vida dos nossos mais íntimos.

Um conselho que atravessou gerações foi proferido por Jesus aos apóstolos: "Amar a Deus sobre todas as coisas e ao próximo como a ti mesmo", chegando, inclusive, a alterar a lei de Moisés. O que Jesus fez, em ares de lição, nada mais foi que aconselhar à humanidade o caminho para se conquistar o suposto assento ao lado de Deus.

O médico Marco Antônio Guedes sugere aos seus próximos baterem à porta de Tânatos, pois o conselho da morte dificilmente erra. No primeiro instante a sugestão soa funesta, mas, ao explicar, ele não só convence como torna a opção atraente.

– Meu filho Ian estava em dúvida se permanecia em São Paulo ou iria para o exterior estudar. As opções teriam efeitos opostos na vida dele, portanto, era preciso avaliar futuros arrependimentos ou satisfações como se não houvesse possibilidade de mudanças. O ser humano costuma acertar mais vezes quando sob pressão. Eduquei meus filhos para, em dúvida, perguntarem para a morte deles. O caminho será o melhor, com certeza. A direção a seguir tem que ser definida mediante a qualidade do tempo vivido. Se eu morrer amanhã essa decisão terá sido a correta porque não gerará arrependimentos. Às vezes, a gente toma a decisão que traz mais riqueza, mas a riqueza não muda a sua morte amanhã. Pode mudar a qualidade do caixão. Agora, se eu optar pelo outro caminho, o que me dará mais prazer, e o prazer é mais importante até amanhã, data suposta da minha morte, seguirei o caminho correto – explica, Marco Antônio.

Marco Antônio Guedes já esteve face a face com a morte, conhece bem a sensação de impotência frente a essa força que arrebata a alma, exaurindo toda e qualquer energia. Ele não a teme, seu maior medo é sair deste mundo sem desenvolver o desapego.

Sua voz, quase inaudível, expõe num andamento *moderato* as lições assimiladas nos longos anos de profissão. Diferente do estereotipado médico-deus, Marco Antônio sabe que o importante para o paciente em contato com a morte é a companhia do homem-médico.

Conduzir sua mente ao território do passado foi tentativa vã. Para ele, passado é como página desgastada, serve apenas para dar volume ao livro. As fases da infância e da adolescência sucederam-se como as da maioria que foi educada na idoneidade, no respeito ao semelhante. Talvez Marco Antônio esteja certo supor que seus conceitos não seriam diferentes caso não houvesse se acidentado. Ninguém saberá.

Uma coisa é certa: ser médico foi decisão tomada antes de dezembro de 1974, data em que Marco Antonio se encontrou com a morte:

– Cursava o quinto ano de medicina quando me acidentei próximo à represa de Santa Bárbara. Fui almoçar com uns amigos. Tínhamos o costume de sair de moto para passear nas cercanias de São Paulo. Nesse dia, eu cuidava de um amigo novato, inexperiente com motocicleta e no trajeto. Ele pilotava à minha frente e, num dado momento, tentei ultrapassá-lo. No acostamento da outra pista havia um ônibus estacionado. Deduzi que era seguro, ultrapassei. O motorista do ônibus não me viu e saiu do acostamento para a pista, em cima de mim. Pulei fora da moto, mas a minha perna ficou prensada na lataria dos dois veículos, esmagada.

Daí em diante, foi o terror do hospital. Os médicos tentavam e tentavam salvar a perna que eu sabia não ter salvação. Os dias passavam e eu avisava: se vocês não amputarem ficará pior, posso ter todo tipo de infecção e morrer. Ao sugerirem um enxerto com tecido da minha outra perna, perdi a paciência. Ora, jamais deixaria mexerem na perna boa para salvar uma que não tinha jeito. A solução era amputar.

Para o médico, a amputação é considerada como um diagnóstico secundário, a enfermidade recebe o rótulo de diagnóstico primário. Eis o motivo de o profissional protelar a cirurgia: acredita-se ser o fim cortar um membro, mas o fim é deixar o paciente manter o imprestável; além de doer, infeccionar, não dá sustentação.

De qualquer forma, deve ficar claro que os procedimentos para amputação de membros inferiores ou superiores são um ato de restauração do órgão enfermo, e não uma mutilação. A minha única opção era amputar. Mandei cortar logo. Fiquei um mês hospitalizado e me dei alta.

Às vezes, a gente toma a decisão que traz mais riqueza,
mas a riqueza não muda a sua morte amanhã.
Pode mudar a qualidade do caixão.

Usei a cadeira de rodas para me locomover, depois a muleta. Somente no sexto ano de faculdade é que eu passei a usar prótese. Durante três anos usei uma prótese que pesava mais de três quilos. Perturbava demais, principalmente por eu não parar. Continuei a estudar e trabalhar no ritmo de sempre. No fim do dia jogava a prótese para um canto e desmontava-me noutro. Naquele tempo não havia nada no Brasil que pudesse ser considerado anatômico.

Sempre quis ser cirurgião. Quando eu era moleque operava gato – algumas vezes ele não resistia à cirurgia, mas a maioria deles sobrevivia. Tinha curiosidade em saber como o corpo funcionava dentro, e o gato era a cobaia mais próxima.

Logo que me formei, antes de fazer pós-graduação no exterior, me envolvi no projeto de um milionário que trouxe do Japão maquinário para implantar uma fábrica de papel na Amazônia. Era um projeto enorme, mais de 40 mil pessoas. Fui uma delas. Caminhei na selva com perna mecânica que mais se parecia perna de pau. O importante é não parar.

Fui para fora do país em busca do que havia de melhor para introduzir no mercado brasileiro. Criei a clínica para ser centro de referência no assunto. Além de pacientes, atendemos qualquer profissional da saúde que queira aprender. Aqui não nos negamos a ensinar.

Um dos fatores primordiais para a recuperação é o lado psicológico. Costumo dizer aos profissionais da clínica e mesmo do centro cirúrgico que a habilitação do amputado não é a prótese, é o bem-viver. O importante é o paciente se locomover, seja com a muleta, a cadeira; o equipamento condizente com o seu estado psicológico. A prótese não deve ser opção para camuflar a deficiência, e sim para dar conforto.

No quarto do hospital, as pessoas olham para o amputado, penalizadas, transmitindo a mensagem de aposentadoria: o *doente* não precisa fazer mais nada. Não é verdade, ele deve, assim como eu fiz, dar continuidade à vida, adaptar-se. Atitude perigosa, que pode comprometer a vida do paciente, pois, se ele ouvir do médico, da enfermeira, da família que acabou ali, ele achará que acabou mesmo. Tem que ser muito forte para ir contra o poder dessa informação.

Outro fator importante é o coto. O processo de recuperação começa na cirurgia – se o órgão for bem desenhado a adaptação será mais rápida, sem dor.

Após o meu acidente passei por período de depressão, que encurtei com trabalho e atividades. O ponto mais difícil de continuar foi o namoro com minha atual esposa. Tentei me afastar dela. Disse aos meus amigos que não queria ver a Patrícia porque não fazia sentido ela ficar ao lado de um amputado.

Ao saber da minha decisão, Patrícia ficou brava como eu nunca havia visto. Entrou no hospital, perguntando furiosa: "Você acha que é um braço ou uma perna para mim?". A gente se casou e nosso casamento é harmonioso, são 34 anos de saudável convivência, três filhos maravilhosos, o que chamo de união perfeita.

Durante um ano, acordava à noite, dizendo para mim: não aconteceu, abrirei os olhos e a perna estará aqui, presa a mim. Aceitar a perda requer tempo. Lembro-me do dia em que assumi a minha nova condição física: já usava prótese e estava de férias em Ubatuba. Andava à beira da praia, amargurado pela perda da perna. Imaginava como voltar a praticar esportes. Antes da amputação eu tinha vida esportiva ativa, jogava vôlei, basquete, praticava corrida.

De repente, escutei a minha própria voz a dizer dentro da minha cabeça que a amputação é para o resto da vida; não é um pesadelo nem uma fase que passará. Nunca mais teria a perna esquerda, adaptava-me ou me perdia.

É como a gota que derrama o leite. As coisas vão se apresentando pouco a pouco, você não vê, não quer ver. Repentinamente cai a gota, o detalhe imperceptível, mas de força brutal, que o retorna à realidade. É isto: a gota de realidade derrama a ilusão para fora de você. No fim do processo, resta o que fazer dessa realidade.

Viver é condição óbvia. Como viver dali para frente, com novo *layout*, é a questão a ser respondida. Fiz uma retrospectiva à infância, meus primeiros passos, primeiras palavras. Naquele instante, percebi que eu teria de reaprender a viver. A minha situação não era página que eu podia virar, não, a atitude correta seria me adaptar. Foi preciso um ano de prótese para eu concluir que o obstáculo a romper era o apego. Desde então, busco interagir com o mundo na segurança do desapego. Foi preciso perder um membro para eu aprender que desapegar é o caminho da evolução.

....

É isto: a gota de realidade derrama a ilusão para fora de você.
No fim do processo, resta o que fazer dessa realidade.

....

Aos meus pacientes, procuro orientá-los a acenderem a luz da lógica. Interpreto da seguinte maneira: o problema precisa se tornar palpável, algo que se possa agarrar, rolar com ele pelo chão até dominá-lo. A negação não ajuda ninguém, ao contrário, o perde de si a todo minuto. Passei um ano fugindo do meu problema, sem coragem de olhar para as minhas pernas porque não queria ver a lacuna, a falta do membro. Nada ganhei com tal atitude.

Depois desse dia, olhei para mim, para o meu corpo e avaliei o que ele ainda tinha para me dar. Ora, descobri tanta coisa! O ser humano não é pernas e braços, ele é intelecto, coração, emoção, capacidade de existir; se essa capacidade é real na nossa mente, faremos diferença. Imagine se eu tivesse me trancado em casa, o peso que eu seria para a minha família! Faria diferença no mundo, sim; mas de modo negativo, envolvendo pessoas amadas num pesadelo. O nosso papel no mundo é conviver e não "con-morrer". Foi melhor cristalizar a perda, mandar os fantasmas embora e ganhar a família especial que tenho.

Nas conversas com o meu filho, sempre digo que o mérito da vida é conquistar os poderes que você não tem, pois o que lhe é nato já é seu. O Ian é bom em comunicação e deficiente em se concentrar, desse modo ele precisa trabalhar para adquirir concentração. Que graça tem a vida se nascermos e morrermos usufruindo somente dos poderes natos? É como se você mantivesse o mesmo tamanho durante toda a existência.

Tive uma paciente, amputada há 16 anos. Ela veio consultar por um problema de ulceração. No fim do exame, disse-lhe: "A sua lesão é provocada pela falta de contato adequado, veja o declínio do coto para a prótese". Ela me respondeu: "Jamais, doutor, não olho para *isso*". Tomei um susto, 16 anos amputada e nunca olhou seu coto, isolou aquela extremidade do sistema corporal. Como tratar de algo que você nega? Impossível.

Ninguém gosta de perder uma unha, imagine um membro. A maior dificuldade dos meus pacientes é aceitar a perda; a vaidade é o grande obstáculo a essa aceitação. Perder cabelo faz o calvo colocar peruca, um cabelo mal-cortado inibe certas pessoas a se exporem. Por quê? É difícil trabalhar na mente a sua nova imagem.

Ninguém gosta de perder cabelos, dentes; compreensível. Cuidamos da imagem porque ela nos coloca de frente ao outro. Cuidar do corpo para manter a saúde, higiene, é normal; agora, quando você passa a fazer do corpo um troféu a exibir, exigindo perfeição, pode levá-lo a riscos desnecessários. Talvez, se fosse obrigatório divulgar o número de vítimas fatais da cirurgia plástica, não haveria tanta intervenção absurda. Recompor a pele do queimado é preservação da saúde, cirurgia estética é inversão de valores: deixo de ser dono da minha imagem para me tornar escravo dela.

É normal o mutilado se retrair, o anormal é permanecer retraído. Considero-me resolvido quanto a minha imagem. Passei pelo processo da baixa-estima, senti vergonha do corpo, me recuperei ao aprender que a vida não se resume no exterior. O importante é o que carregamos dentro. Há as recaídas; por exemplo, outro dia estava me trocando no centro cirúrgico – preciso tirar a prótese para vestir a calça – e a enfermeira entrou.

A primeira coisa a passar pela minha cabeça foi completar o ato antes de ela me ver faltando pedaço. Não o fiz. Após 20 anos de prótese, recaí. A recaída não é sinônimo de fraqueza... importante é recuperar. O raciocínio lógico me diz que a vaidade não pode existir na minha vida, senão irá me aprisionar, quero ser livre. Só a verdade liberta.

A amputação é dolorosa, agressiva, mas, com cuidado, a dor passa, se ela permanece, a dor no membro amputado deve ser tratada. Muita gente a confunde com o membro fantasma, sensação provocada pelo comando do cérebro que, além de normal, pode ser usada para movimentar a prótese com eficácia.

Reabilitação não termina com reposição da peça. Quando o paciente me pergunta o que poderá fazer dali para frente, respondo-lhe que não há diagnóstico limite, ele fará tudo que realmente quiser. Já vi gente fazer coisas aparentemente impossíveis, nem me atrevo a colocar limite para o ser humano.

Quis continuar a praticar esportes: consegui. Troquei as corridas pelo tênis. Escolho um adversário à minha altura para não cair na mesmice da vitória ou derrota sucessiva. Nem se tivesse ambas as pernas eu jogaria com um "famoso" ou em Mônaco; porque jogo para mexer a musculatura, me divertir.

> *Tenho para mim que nasci para atravessar a vida,*
> *negociar uma condição humana e desenvolver o desapego.*

Deve ser terrível para o jogador de futebol perder as pernas – imagine o Ronaldinho sem uma. A deficiência não é o fim dos sonhos, é possível ser médico sem perna, professor sem braços, cantor sem visão... Trabalho o dia todo, às vezes, permaneço horas de pé dentro do centro cirúrgico. Jogo toda segunda-feira, impreterivelmente. Não há abandono de ideais, apenas adaptação. Palavra mágica, efetiva na vida de qualquer ser humano: adaptação.

As pessoas temem os acidentes por estes causarem perda de membros ou até a morte. Existe um perigo latente na vida do brasileiro, chamado diabetes, que pode causar tanto ou mais estragos que um acidente. O deficiente de insulina acredita ter problemas de cicatrização, embora tenha perda de sensibilização, tornando-o propenso a machucar as extremidades do corpo. Ora, a pessoa saudável percebe um sapato apertado e o tira antes de se ferir. O diabético não percebe a dor, machuca-se e não cuida da ferida, pois só cuidamos do que dói. Quando busca ajuda, o pé já está necrosado.

Sinto-me satisfeito ao ver um paciente se recuperar. Minhas mãos estancarem a dor, arrancarem o membro doente e garantir qualidade de vida àquela pessoa, não tem explicação, apesar de acreditar que o cirurgião é um ser agressivo que canaliza a agressividade para curar doenças.

Cortar um corpo é ato agressivo tremendo, exige postura hostil e responsabilidade; infelizmente, a gente vê colegas fazendo cirurgias sem necessidade ou, pior, sem cuidado sentimental. O médico deve encarar o paciente como seu semelhante, e não um honorário. O conceito de distância para se abstrair do sofrimento é uma bobagem. Ninguém procura médico se não estiver sofrendo; o natural, humano, é se tocar com o sofrimento do seu paciente, caso contrário você administrará remédios, fisioterapias e mandará para casa um ser humano mentalmente debilitado. A saúde começa na cabeça.

Cuido da mente tanto quanto cuido do meu corpo. Creio haver um poder maior que nos sustenta. Conheço pouco de religião para afirmar a existência ou inexistência de Deus. Se fosse escolher um dogma, seria o budismo, porque ele nos ensina a questionar. A minha grande curiosidade é por que eu nasci? O que é o ser humano? São perguntas do nosso íntimo e, apesar de sermos incapazes de respondê-las, podemos aprender na busca da resposta conceitos importantes para evoluirmos.

....

Nas conversas com o meu filho, sempre digo que o mérito da vida é conquistar os poderes que você não tem, pois o que lhe é nato já é seu.

....

Tenho para mim que nasci para atravessar a vida, negociar uma condição humana e desenvolver o desapego. Existem apegos absurdos como *meu* carro, *minha* casa. Amanhã esses bens vão embora, deixando o sujeito de alma amputada. E aí? Não conheço prótese espiritual. A maior doença é o apego à matéria. A arte de viver, o crescimento humano está na conquista do desapego para morrer leve.

A morte é tenebrosa aos olhos de quem enxerga apenas o corpo, aumenta capital para os prazeres do corpo, dá asas à vaidade. Certos homens vivem para colecionar bens e acabam colecionando além do necessário. Insatisfeitos, continuam a busca. No fim, não viveram. Não é errado lutar por melhores condições, o erro é situar essa luta no topo das prioridades, tornando-a condição única de existência.

O remédio que conheço para curar a ambição desenfreada é o desapego. Não há contraindicação, podendo-se administrar quantas doses forem necessárias para baixar a febre do *ter* e encontrar a leveza de *ser* – receitou Marco Antonio.

O desapego é um dos mais importantes ensinamentos budistas. O adepto desse sistema filosófico e religioso indiano tem o desapego como uma espécie de escada cujos degraus conduzem à iluminação. Creem que o apego às coisas materiais é a causa da infelicidade do homem, além de lhe dificultar a mudança de hábitos.

O ser humano disposto a encontrar paz pode, segundo o budismo, apegar-se apenas ao conhecimento e ao mundo das ideias, desde que corretas. A ideia só é correta quando for razoável. Saberemos se é razoável submetendo-a à tríade: É boa para mim e meu semelhante? Tem necessidade de se manifestar na natureza? Me tornará mais leve no dia da minha morte? O *sim* garante a razoabilidade da ação que, por sua vez, proporciona o estado permanente da felicidade.

Buda ensinou que, por trás do relativo e instável, haveria um real incondicionado e permanente. O ser humano poderá atingi-lo aprendendo a se desapegar, reconhecer a impermanência da vida de si e de todas as coisas, isto é, experimentar o nirvana – a aniquilação do sofrimento e de suas causas, tais como a ignorância, a cólera e as paixões descontroladas.

Nada existe de substancial e definitivo. O ser humano, numa análise profunda, nada encontra em si mesmo e a seu redor a que possa se apegar como sendo "seu". As paixões humanas levam-no a alimentar a ilusão de ser possuidor de algo e projetar desejos de estabilidade em coisas efêmeras.

Permanência é fruto da teimosia. A mente teimosa é incapaz de evoluir, e o que não evolui se apega a caminhos que não lhe pertencem, amores desastrosos, dificuldades profissionais e em relacionamentos interpessoais. Para o budismo, alcançar a felicidade requer uma desconstrução interior – mudar hábitos, remodelar a personalidade para transcender os valores que erigimos como eternos.

Como um artesão, o traumatologista Marco Antônio Guedes liga nervos, preserva tecidos, entalha formas e relevos que definem ombros, braços e pernas, sem depreciar a mais importante escultura: a esperança.

A flor silvestre

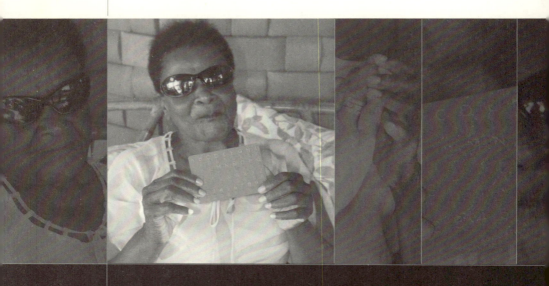

MARIA FRANCISCA FOI A PRIMEIRA SURDOCEGA reconhecida no país, já que a maioria desses deficientes é tratada erroneamente como autista. Ela vive no Lar das Cegas, em Belo Horizonte, mas viaja pelo mundo palestrando sobre a surdocegueira. Quando não está na estrada, no ar ou no mar, conhecendo novos equipamentos que podem ajudar os jovens surdocegos do Brasil, ela percorre os dedos por todos os livros em Braille que pode encontrar.

*Olhai como crescem os lírios do campo! Não trabalham nem fiam.
Pois eu vos digo: Nem Salomão, em toda a sua glória,
se vestiu como qualquer deles.*
Mateus 6, 28-29

Os deficientes visuais, cegos como preferem ser chamados, desenvolvem os outros sentidos de maneira extraordinária. Olfato, paladar, tato e audição passam a ser os condutores. A audição é primordial para a locomoção do cego. Já os surdos usufruem da visão para maior liberdade espacial. Tanto a cegueira como a surdez são deficiências limitadoras e exigem do seu portador esforços consideráveis para interação com o mundo. Há uma deficiência que sujeita o indivíduo a privação ainda maior: a surdocegueira.

Surdocegos, de acordo com o site da Escola de Educação Especial Anne Sullivan são "indivíduos que têm perda substancial de visão e audição de tal forma que a combinação das duas deficiências cause extrema dificuldade na conquista de metas educacionais, vocacionais, de lazer e sociais". Não se sabe ao certo quantos surdocegos há no Brasil. Acredita-se que a tímida estatística se deve ao número considerável de deficientes diagnosticados como portadores de autismo. Maria Francisca foi a primeira surdocega reconhecida oficialmente no país. "Ela ganhou uma medalha, e daí?", questiona Rosângela. A curta frase da amiga de mais de 30 anos esconde sua decepção com o abandono do governo à deficiência. Instrumentos tecnológicos custam pequena fortuna, as poucas instituições de amparo, quase sempre privadas, como a ADEFAV, Associação para Deficientes da Áudio Visão, que sobrevivem de doações, mal conseguem suprir as necessidades dos surdocegos brasileiros.

Maria Francisca é especial, conhecê-la foi tão emocionante que me ocorreu um "branco", desses que apagam da memória a entrevista elaborada previamente. Frente a Francisca, nada me vinha à cabeça, como se o cérebro perdesse a razão diante desse aroma delicado. Nada acontece por acaso.

Minha conversa com ela se deu por meio da amiga intérprete Rosângela, que utilizou com Francisca o alfabeto dos surdos.

De volta a Belo Horizonte, pois a entrevistei em São Paulo, cidade onde ela passava temporada para tratamento dentário, soube da existência de alguns textos, escritos pela própria Francisca, que registram sua trajetória por meio de poesias, mensagens, discursos proferidos em suas palestras pelo mundo. Diante da riqueza do material, decidi utilizá-los como complemento da entrevista, evitando intromissões desnecessárias.

A história de Francisca expõe o silêncio e a escuridão em que vive o surdocego, ao ritmo da serenidade de quem acredita ser a cegueira e a surdez um carma amenizado pela benevolência de Deus:

– Meu nome é Maria Francisca da Silva, nasci em Ponte Nova, Minas Gerais, em dezembro de 1943. Minha mãe teve 19 filhos homens dos quais somente três sobreviveram. Os demais morreram ainda bebês. Fui a número 20 e a única mulher.

Penso que fui uma criança muito feliz até os sete anos de idade, quando me surgiu um problema na vista. Em princípio, meus pais me levaram a benzedores, aplicaram-me compressas, chás e simpatias. Na roça, tudo é simples, e médico é pessoa que se evita por causa das despesas. Apesar dos cuidados de minha mãe, das consultas em Viçosa e Belo Horizonte, nada pôde ser feito. Durante a luta para recuperar um pouco da minha visão, minha mãe adoeceu gravemente e meu pai teve que interromper o meu tratamento para poder tratar dela. As despesas eram acima da capacidade do salário de um camponês. Infelizmente, a doença da minha mãe se agravou, e ela faleceu pouco tempo depois.

Ao nascer do sol, meu pai e irmãos saíam para trabalhar no campo. Eu ficava só, trancada dentro de casa. As horas se arrastavam e a escuridão me assustava, fazendo com que chorasse e tremesse de medo. O almoço me fazia respirar aliviada, pois marcava o meu encontro com a família – breve alívio – e caía nas mesmas aflições até o pôr do sol, que os trazia de volta.

Em fevereiro de 1955, aos 11 anos, fui internada no Instituto São Rafael onde, também, minha vida não foi nada fácil. Nascida na roça, ignorante das coisas, virei chacota das colegas que não me compreendiam. Ganhei apelidos como "cavalinho Dom Pedro", "Chica doida". Vivia de castigo por faltas que cometia e pelas não cometidas. Meu maior medo era a expulsão, que, graças a Deus, ficava na ameaça. Nada contei ao meu pai, porque ele sempre foi muito bravo. Só eu e Deus sabemos o inferno da minha adolescência! Nunca carreguei as dores da escola para casa, assim como não carregava as de casa para a escola.

Em 1957, meu pai, que havia se casado novamente, veio me buscar nas férias. Foi na roça, em certa manhã, que notei algo de errado com meu ouvido. Minha irmãzinha chorava no quarto ao lado, no entanto, parecia que seu choro estava distante. Minha madrasta falava comigo, e eu não escutava quase nada. Daí surgiram mal-entendidos, por eles suspeitarem de eu fingir não escutar.

Naquele ano voltei ao Instituto descalça. Eu havia crescido, e meu pai não pôde me comprar um novo sapato. A moça que trabalhava na portaria me perguntou se eu era realmente surda e que, se eu dissesse a verdade, ganharia um par de calçados. Ela queria ouvir que eu fingia surdez, mas eu não poderia mentir, nem por um sapatinho que tanto precisava. Ninguém acreditava que eu escutava mal. Foi um período dificílimo. Consideravam-me anormal; não sentia vontade de estudar, castigavam-me diariamente, não recebia carinho e nenhum amor. Poucas pessoas davam-me atenção. Assim foi-se 1958, que levou consigo meu pai.

....

A vida é cheia de surpresas, basta um pouquinho de atenção para não deixar as oportunidades passarem como a correnteza do rio.

....

Em 1959, ouvia mal do ouvido direito e nada do esquerdo. Minhas notas eram zero, claro, é impossível aprender sem ouvir as aulas, além de um zumbido me desorientar dia e noite. Foi um ano de tormento.

Certa noite, pedi que colocassem remédio no ouvido direito, que doía e fazia barulho, e fui dormir. Ao acordar, algo estranho aconteceu: falei e não escutei a minha voz, gritei e não ouvi meu próprio grito. Percebi que ficara completamente surda. Até hoje não entendo por que duvidaram de mim.

Iniciou-se um período longo e eterno de silêncio. Mal havia completado a alfabetização, vi-me obrigada a me comunicar através da escrita Braille. Enquanto os alunos iam para as aulas, eu me encolhia solitária pelos cantos até que alguém fosse me buscar para as refeições.

Um dos professores que acabara de chegar de longa viagem passou a me dedicar algumas tardes. Devo muito a essa alma boníssima que me encorajava a ler bastante, ensinava-me a redigir composições. O professor Pedro Lucena aconselhava-me a conhecer o mundo por meio dos livros, e assim o fiz. A leitura passeava meus dedos por grandes florestas, rios caudalosos, conversas amistosas entre familiares das mais diversas nacionalidades.

Com o aprendizado dos livros comecei a reagir. Aos poucos saía daquela vida vegetativa. Inventei alguns sinais para meu uso pessoal e, para facilitar a comunicação com os outros, aprendi o alfabeto manual dos surdos. Gosto muito de usá-lo por ser rápido e expressivo. Estendo a mão para receber a mão do interlocutor que vai soletrando as palavras. Pela palma capto os sinais do alfabeto dos surdos. Gosto de me comunicar pela tela *touch*, que se tornou para mim um grande amigo. Por ele, qualquer pessoa que não saiba os sinais pode se comunicar comigo. Basta datilografar as letras enquanto eu, do outro lado, sinto as palavras se formarem. O aparelho não pode ser usado de qualquer maneira. É necessário que seja bem calcado, para que as letras em Braille batam legíveis na ponta dos meus dedos. Pela dificuldade de nivelá-lo uso a régua de dois alfabetos quando saio à rua. Nela há as letras normais e sua referência em Braille. O interlocutor desliza meus dedos por ela, letra a letra. Tudo seria prático e suficiente para conversar se não fosse a dificuldade que as pessoas têm ao toque.

Necessito segurar o rosto das pessoas, maneira que me faz sentir sua imagem, o ato da conversa. Minhas mãos são meus olhos, meus ouvidos. Infelizmente, a maioria não gosta disso. Alguns chegam a dizer que é feio o contato do corpo. Ora, feia é a frieza e a distância em que o ser humano convive com seus semelhantes.

Num dos tratamentos que meu irmão quis que eu fizesse, fiquei longo período em São Paulo. Ao retornar a Belo Horizonte já não havia a minha vaga no Instituto. Passei a residir na Associação de Cegos Louis Braille, onde estou até hoje. Consultei diversos médicos, mas não há solução para o meu caso. Nunca foi esclarecido o que me aconteceu.

O meu mundo na juventude foi bem pequeno, relacionei com pouquíssimas pessoas. Até hoje, são poucos os amigos que se dispõem a conviver comigo, no entanto, adoro conhecer gente. Aparecem em meu caminho pessoas que se penalizam da minha situação. Quem quer piedade? Ninguém.

Durante esses longos anos, encontrei amigos que me ajudaram a suportar a solidão. Cada um me ensinou um pouco do que sou agora. Aprendi com a bondosa Conceição Pinheiro a fazer trabalhos manuais: tapetes de retalhos, suportes de vasos, sacolas de sisal. Apesar de gostar de confeccioná-los, encontro sérias barreiras no preço do material.

Há anos conheci a Rosângela Giacomazzi, na época uma garotinha que morava perto do meu irmão em São Paulo. Ela tem sido um farol na escuridão. Traz-me para temporadas junto à sua família, abre-me sua casa. Luta incessantemente para melhorar minha passagem neste vale de lágrimas. Nas últimas semanas, ela está me levando ao dentista para tratamento dentário.

Outra amada e inesquecível amiga é Therezinha. Se dependesse de mim, a veria sempre feliz, alegre, pois é digna de todo o amor e ternura que há em meu peito. A gratidão a essa preciosa joia, que nomeei de "tia", nada é próximo da sua dedicação ao longo de 30 anos.

De voluntária no Instituto, Tia Therezinha virou minha acompanhante semanal, tornando-se parte importante na minha vida. Ela me ajuda nas leituras de correspondências, nas transcrições para tinta. De 15 em 15 dias me leva livros da biblioteca pública. Leio mais que o setor de Braille da biblioteca pode suportar; como não consigo ficar sem ler, releio os prediletos até que cheguem novos títulos. *Olhai os lírios do campo* é um que já li mais de cinco vezes.

Alguns "normais" perguntam se sei quando é dia ou noite. Ponho-me a imaginar se eles sentem em sua pele o frescor da noite, o calor do sol, o orvalho salpicando suas faces.

Tais mulheres são a minha família espiritual; estancaram-me as lágrimas com o lenço da amizade sincera. Pessoas maravilhosas que Deus espalhou em meu caminho e que, sem saberem, muito me ajudam a suportar as mágoas e decepções. Aprendi que o mundo é feito de pessoas boas e lacônicas, que esboçam um gesto ou outro e desistem de se comunicarem comigo, às vezes por impaciência, preconceito, medo. Não sei do que, porque cegueira e surdez não são contagiosas... talvez seja pelo fato de os meus outros sentidos serem aguçados ao ponto de me permitirem enxergar o interior do ser humano e de a maioria das pessoas não gostar de ser desnudado.

Nessa vida passageira em que viajamos em busca de evolução, os rios são feitos de lágrimas. Entre uma e outra árvore da mata ciliar há flores perfumadas a indicarem a benevolência de Deus, ajudando-nos a cumprir nosso calvário. Dona Nice foi uma flor disposta ao curso da minha vida.

Após fatigante trabalho no Instituto Anne Sullivan, Dona Nice conheceu de perto as dificuldades do surdocego e me convidou a ministrar palestras pelo mundo. Participei de diversos congressos no Brasil, na Colômbia, na Argentina, em Bahrain, em busca de novas tecnologias. Na volta de cada um, tentamos sensibilizar o Congresso Nacional para nos ajudar a melhorar a vida dos deficientes. Tenho a impressão de que todos em Brasília são surdos, minhas palavras se foram com o vento. Mas não desanimamos, eu e dona Nice percorremos mais lugares, conhecemos equipamentos espetaculares, que espero chegarem ao Brasil por um preço acessível.

Ao voltar meus pensamentos para o passado, vendo a grande distância percorrida, tenho profunda sensação de inutilidade do meu viver. Tudo que sonhei foi-me impossível realizar. Não sou uma perdedora, porque nada tive para perder. Meu último sonho, e desse não abro mão, é abrir caminho para os mais jovens. Sonho com mais escolas especializadas, um lar onde eles possam ter a chance de receber a instrução e orientação que eu não pude receber. O que sei aprendi com muita dificuldade e determinação. Podemos amenizar o aprendizado dos jovens surdocegos. Rezo para que eles aprendam em jardins com menos espinhos do que onde fui plantada.

Sei que, quando alguém vê um surdocego, seu sentimento é de compaixão, logo pensam que vivemos à margem da vida, sem condições de participar do dia a dia. Grande engano. Aqueles que têm chance de alfabetização e encontram apoio têm demonstrado capacidade de ir além. Exemplo disso é Helen Keller que, aos 18 meses de idade, depois de uma febre alta, ficou surdocega. Graças a ela e a sua professora Anne Sullivan, a ciência desenvolveu alguns equipamentos de grande importância, como a tela *touch*, a bengala eletrônica, e tantos outros que conheci pelo mundo e se Deus quiser serão vendidos no Brasil por preço digno. Um dia, o governo se lembrará dessa minoria que não enxerga nem ouve, mas sente e anseia se inserir no mundo.

Minhas palestras tentam mostrar que é possível levar uma vida normal. Sou surdocega e, apesar da falta de instrução especializada, não vivo à margem. Leio muito, faço trabalhos manuais, serviços domésticos, passeio e viajo – nada me deixa mais feliz que uma caminhada sob céu estrelado. Não ouço a voz humana, mas escuto a música do Universo. Escrevo poesias, pequenas mensagens de amor e fé.

A vida é cheia de surpresas, basta um pouquinho de atenção para não deixar as oportunidades passarem como a correnteza do rio. Uma das minhas maiores experiências foi conhecer Bahrain. Nunca me passou pela cabeça ir tão longe, tocar os pés nas águas do Golfo Pérsico. Mas lá estive eu. Eu e dona Nice, minha incansável batalhadora, amiga e intérprete de longas jornadas.

No princípio, achei Bahrain um mundo sem vida. Triste e bem pior do que o meu mundo aqui. Não sei inglês e me senti isolada, atrasada diante dos demais surdocegos. Foi então que conheci Beroz e Ann. Beroz era guia de um indiano chamado Mr. Rajinder. Ann era a guia de um inglês, Mr. Patrick. Deram-me tanta atenção, inteiraram-me da beleza de Bahrain. Foi maravilhoso! Pude agradecer pessoalmente aquele que me deu oportunidade de fazer essa viagem: Sheik Abdulla Al Ganin. Jantar com ele foi emocionante. No restaurante, um cantor me ofereceu música. Foi para o meu lado e enquanto tocava, coloquei minha mão no violão. Adorei a melodia, diferente das que eu havia sentido.

Apesar de privada de quatros sentidos,
dei graças em manter o tato e com ele participar
dos acontecimentos, das tristezas, das confidências dos amigos.

A conferência teve início no dia 5 de novembro, às 9 horas da manhã, no próprio hotel em que nos hospedamos, Bahrain Sheraton. Eu e dona Nice, representando o Brasil, sentávamos ao lado dos demais participantes numa grande mesa. Durante quatro dias, diversos oradores apresentaram novos métodos de ensino ao surdocego. Enquanto eles falavam, dona Nice ficava sonhando com o dia de trazer um dos métodos para os jovens brasileiros.

Ao fim de cada rodada de debates, aproveitávamos para conhecer as novas invenções expostas no *hall*. O computador Braille e o telefone vibratório ganharam minha atenção, ao mesmo tempo que me deixaram tremendamente triste. Disse à dona Nice: "Como estes aparelhos poderão ser adquiridos no Brasil se tudo lá é tão caro? Eu, por exemplo, não pude ter nem o relógio Braille. A maioria dos deficientes no nosso país tem péssima situação financeira". Ao que ela me respondeu: "É um grande passo, uma grande alegria que estejam procurando meios de ajudar o surdocego a se comunicar, tornando suas vidas mais fáceis. Você não acha?". Sei que ela estava certa, mas me aflige a indiferença dos nossos representantes. É doloroso saber que até os parentes do surdocego não se empenham em aprender a se comunicar com eles.

Não me esqueço do trabalho sobre cães-guias, apresentado pelo Van Der Meij. Ele falou da sua experiência com belos e treinados cães. Ao que Nice me perguntou se eu gostaria de ter um cão-guia como o que avistáramos na rua, comecei a rir imaginando o vira-lata. Quanto mais dona Nice me pedia para parar de rir, afinal estávamos em plena conferência, mais eu ria. Não conseguia me conter. Sussurrei ao ouvido dela que meu sorriso não incomodava os palestrantes, pois eles, como eu, eram surdos. Nessa hora foi Nice que entrou em crise de risos. Nossas viagens foram assim: desafios a discutir, certa vergonha nos discursos por representarmos um país que pouco tem para somar à causa dos surdocegos e muita alegria pelos pequenos acontecimentos.

O ano de 1991 foi de perda irreparável para o Brasil. Esse ano levou dona Nice, uma das mais esforçadas em aliviar o silêncio e a escuridão dos deficientes de surdocegueira.

A vida é difícil de ser decifrada. Os deficientes reclamam que a sociedade os repele. Ok! Mas eles também se repelem uns aos outros. Há os que acreditam ser a surdocegueira deficiência paralisante. Não é. Se houver chance, o surdocego pode se tornar atuante.

Alguns "normais" perguntam se sei quando é dia ou noite. Ponho-me a imaginar se eles sentem em sua pele o frescor da noite, o calor do sol, o orvalho salpicando suas faces. Será que o homem saudável corre tanto que perdeu a comunicação com o ambiente em que vive? Recuso-me a responder a tais questionamentos infantis.

Qual a diferença dos cegos, dos surdos, dos paralíticos? Todos possuem inteligência, trabalham, lutam, se casam, constituem família. Não me sinto infeliz por ser surdocega. Seria infeliz se desconhecesse a beleza da Terra. As fontes cristalinas, os rios abrigando vida, as montanhas mudando o curso do vento forçando-o a compor novas músicas tão marcantes que não passam despercebidas aos poros.

Sinto-me profundamente triste ao me deparar com pessoas que, fisicamente saudáveis, não veem nem escutam, não sorriem nem ajudam seus semelhantes.

Creio ser a nossa existência uma oportunidade para expiar nossos pecados. Verdadeiro carma que deve ser cumprido com paciência, resignação e alegria. Alegria, sim, porque Deus, na sua infinita sabedoria, nos alivia o calvário. Se eu sou surdocega, certamente mereço a deficiência; aliás, mereço mais, no entanto, não nos é dado mais do que podemos suportar, mesmo que ações do passado tenham agravado nossa dívida, saldamos as faltas aos poucos. Por pensar assim, do fundo do coração, vivo em constante vigília dos meus atos, para que eles não acumulem débitos futuros. Não pertenço a este mundo e dele quero partir quando o Senhor permitir. Enquanto eu estiver aqui, darei o melhor de mim. Aos impacientes, busco responder com compreensão; aos indiferentes, procuro ser solícita.

Agradeço a Deus por saber ler. À custa de muita leitura consegui me aprimorar e hoje os livros são companheiros das horas longas e silenciosas. Rezo para que o governo, num estalo de sabedoria, se interesse pelos problemas dos surdocegos e incentive o mercado de livros em Braille. Ler é o primeiro passo para apresentar o mundo ao jovem surdocego. A bengala é nada se não se apresentar ao deficiente a vastidão de campos, ruas; o computador Braille perde sua importância se não for dado ao usuário conhecimento das riquezas da Terra. O conhecimento provém dos livros, equipamentos são meras extensões, não menos necessárias que braços e pernas.

....

Afetada por quatro deficiências não deixei de lutar, porque minha vontade de vencer é maior que a aceitação da derrota.

....

Juntos, os acessórios e os livros farão do surdocego um ser humano como os normais. Talvez até mais saudável que muitos normais que, portadores da visão, não correm os olhos numa página sequer, enquanto eu gasto as pontas dos dedos no relevo do Braille em busca da sabedoria das palavras.

Em setembro de 1991, minha vida passou por outra grande transformação: perdi o olfato e o paladar. Os cheiros, meus guias desde criança, sumiram. Fiquei transtornada, mas aceitei o que Deus me enviou. Apesar de privada de quatros sentidos, dei graças em manter o tato e com ele participar dos acontecimentos, das tristezas, das confidências dos amigos. Nessa época tornei-me pessoa bem reservada, voltada para dentro de mim.

Afetada por quatro deficiências não deixei de lutar, porque minha vontade de vencer é maior que a aceitação da derrota. Nada quero para mim, meu tempo passou, estou velha, mas há os que estão chegando. Eles precisam encontrar caminhos mais amplos, escolas, professores e ajuda do governo. Essa é minha grande esperança, e por isso continuei a aceitar convites para falar sobre minha vida e as barreiras que enfrento. Quem sabe, um dia, aumentará o número de pessoas dispostas a abraçarem a nossa causa!

O isolamento é o maior obstáculo do surdocego. Nem sempre encontramos pessoas dispostas a conversar, ou trazer até nós as novidades, a nos contar o que se passa no mundo lá fora. Palestrei o mais alto possível para que minha voz pudesse chegar aos familiares, amigos, à sociedade em geral. Sensibilizá-los a aprender o alfabeto, perder alguns minutos para guiar as mãos do deficiente na régua. Vencer o isolamento, esse sempre foi um dos meus desafios.

Procuro alertar que a deficiência não altera nossos sentimentos. Tenho ansiedades e sonhos como qualquer outro. Algumas pessoas ignoram que, apesar de me faltarem os sentidos da visão e audição, outros sentidos ficaram mais aguçados e, assim, posso perceber perfeitamente quando estão ao meu lado e fingem não estar. Isso me deixa tomada de grande desaponto, grande tristeza.

O mundo não nos suporta se nos tornamos pessimistas, egoístas e intolerantes.

Aos poucos, o olfato e o paladar voltaram. Às vezes um ou outro não funciona como antes. Creio que a idade avançada corrobora para os flashes de perda. Já entrei na terceira idade, os problemas dessa fase me são mais graves. Vou me acostumando, reinventando novas maneiras de me situar, locomover. Sou alegre demais para ver a vida passar sem usufruir dos seus prazeres.

Uma das dificuldades atualmente é entender as letras do alfabeto dos surdos na palma da mão. De acordo com uma amiga, não só eu estou avançando em anos de vida, mas elas também, o endurecimento dos dedos dificultam-lhe a formação das letras. O corpo físico perdeu a vitalidade para correr o mundo.

O dinheiro mal dá para comprar a lista de remédios que o idoso precisa para combater os problemas da idade. Não me preocupo – de um modo ou outro as coisas se ajeitam. Só não há solução à vida desprovida de fé. Nasci num lar pobre, minha aposentadoria por invalidez é de um salário mínimo, mas... O que conta é a paz. Lá na roça ficávamos felizes quando o passarinho cantava em nossa janela.

Noto que dinheiro é a preocupação de todos e acredito que o desespero em adquirir riquezas torna as pessoas infelizes, nervosas, impacientes. Conheço algumas que, se não são ricas, possuem pelo menos o bastante para se sentirem realizadas, porém, querem mais e mais! Correm atrás do ganho, gastando a saúde com noites em claro, dando pouca assistência aos filhos que ficam por conta de empregadas, das avós. Filhos que mal conhecem os pais, pois estes saem cedo e retornam noite alta; nos sábados e domingos vão jogar, beber ou até mesmo trabalhar. Desconfio que esse tipo de pessoa não é feliz. Como poderia? A felicidade é a conquista da paz. Paz não se compra.

Outrora o mínimo barulho no terreiro me endoidecia de pavor, e hoje é um contraste. O silêncio que me cerca absoluto, terrível, me traz tanta saudade da barulheira que chego a sonhar com o canto do galo no quintal. Esse é o perigo da vida, desprezar o que nos é dado hoje e chorar sua perda amanhã. Por isso é tão importante se concentrar nas amizades, no amor dos familiares, na saúde, porque isso sim, é vital para o ser humano. Bens materiais são passageiros, ilusões que nos fazem perder o verdadeiro caminho.

Tenho apenas uma vaidade que não sei como adquiri: desde pequena, adoro andar perfumada. Nunca hesitei em retirar um trocado ou outro e comprar um talco cheiroso. Se eu pudesse teria dois frascos de perfume no armário – um de reserva para não correr o risco de ficar nenhum dia sem espirrar algumas gotas atrás da orelha.

Reconheço que Deus é infinitamente bom e misericordioso comigo, coloca em meu caminho almas boas e corações nobres, me dá o alimento e o teto. Permitiu que, pelo menos, um de meus irmãos se mantivesse ao meu lado. Deu-me mãos sensíveis que me possibilitam ler, escrever, fazer trabalhos manuais. Mãos que me guiam à cozinha e lavam os pratos, cozinham. Pés sensíveis à vibração da música que me conduzem às danças de que tanto gosto.

Seria mais grata, ainda, se Ele ouvisse minhas preces para sensibilizar nossa sociedade em benefício dos jovens surdocegos. Para mim? Bem, sou velha, pouco necessito, gostaria de uma ocupação, algo com que aturdir as ideias e descansar dos meus dias de solidão.

Aos que sofrem e cruzam o meu caminho, aconselho: tenha calma, reze sempre e com muita sensibilidade, procure se cercar de numerosos livros, pois eles são o melhor remédio ao desatino e à solidão. Lembre-se de que Deus lhe deu uma cruz, junto dela, Ele dará a força necessária para carregá-la. Procure ser alegre, comunicativo, resignado. O mundo não nos suporta se nos tornamos pessimistas, egoístas e intolerantes.

Os que estão face a face com as misérias precisam de nós para ajudá-los, ensiná-los que a vida é suportável se soubermos amar e perdoar. Deus está sempre conosco, abençoando-nos, incutindo coragem na luta. Caminhos difíceis são dados a todos. É preciso trilhá-los sem queixa, de coração leve e vontade de vencer. Quanto mais reclamações, mais a vida nos maltratará. Ela não faz por mal, o Pai quer que aprendamos ter paciência e nos tornemos menos egoístas – ensinou Maria Francisca.

Com base na receita de bem viver de Francisca, cabe-nos guardar no fundo da gaveta as vãs reclamações e começarmos a enxergar, enquanto podemos, o privilégio que é viver. Um velho ditado pagão alerta que se deve ter cuidado com os desejos, pois podem se concretizar.
Assistir ao pôr do sol, ouvir as ondas do mar, atos simples e gratuitos, despertam no homem o verdadeiro prazer de existir.
Abaixo, uma das mensagens do futuro livro de Maria Francisca da Silva, mineira por nascimento e irmã dos homens por coração:

Sou uma flor silvestre, uma pequenina flor sem beleza, sem perfume, sem significação alguma para o mundo, porém, para Deus, sou algo mais que uma simples plantinha desprezada aqui embaixo! Eu era do Seu jardim, lá em cima, mas por razão só dele sabida, fui atirada ao mundo onde deverei permanecer alguns anos.
Já passei por muitas mãos, umas que me amaram, outras que me desprezaram e outras que me aceitaram por caridade cristã. Tenho uma missão, no fim da qual, conforme o meu merecimento, voltarei para o meu jardim, o jardim de Deus. Tenho observado o mundo, vejo muito egoísmo, muito orgulho, muito ódio, calúnias, incredulidade, invejas e decepções. Mas vou seguindo avante, com uma lágrima em minhas pétalas, num misto de dor e pena por essas criaturas. Oro por elas e distribuo carinho, uma palavra amiga, leal e afetuosa. A minha divisa é esta: dar o quanto possível, amar a todos como irmãos, perdoar sempre e receber o menos que puder. Não adoro a existência, pois acho meus dias longos demais e a vida interminável. Meus caminhos são espinhosos, silenciosos, tenebrosos, mas tenciono lutar por vencer os obstáculos e chegar, um dia, sã e salva ao cimo do calvário com a minha cruz. Aí, creio, o mundo me sorrirá e eu me sentirei feliz na paz de Deus, contente por ter dado conta do recado.

A coragem que vem de dentro

> *O correr da vida embrulha tudo, a vida é assim:*
> *esquenta e esfria, aperta e daí afrouxa,*
> *sossega e depois desinquieta.*
> *O que ela quer da gente é coragem.*
> Guimarães Rosa

Além de ser extremamente motivador ver alguém se superar, deixa aquela reflexão em aberto: "Será que deixei os meus sonhos se apagarem? Será que ainda posso fazer o que gosto dar certo?"

Quem nunca sofreu uma decepção? A existência é recheada de sonhos inalcançados, quedas verticais, colinas pedregosas. Perder um amor, um pai, filho, os bens ou emprego, a saúde, um membro. Perdas, perdas.

Palavra que por si só arranca a esperança, o sorriso, a coragem em prosseguir. Mas... a vida prossegue. Já dizia o poeta que existe uma pedra no meu caminho. Quando pensamos em perda, logo pensamos na morte de alguém que amamos. Mas a perda é muito mais abrangente em nossa vida. Perdemos não só pela morte, mas também por abandonar e ser abandonado, por mudar e deixar coisas para trás. Ela ainda pode ser consciente ou inconsciente de sonhos românticos, expectativas impossíveis, ilusões de liberdade e poder, ilusões de segurança; a perda do nosso *eu* jovem, o que se julgava imune às rugas, invulnerável e imortal.

Parece que a estrada do desenvolvimento humano é pavimentada com renúncia. Durante toda a vida, crescemos desistindo em favor das realidades humanas, das conexões imperfeitas. O que fazemos é sobreviver, e é claro que sobrevivemos às ausências. Mas essas ausências nos ensinam um temor que pode nos marcar para toda a vida, como uma queimadura extensa – a dor é inimaginável, a cicatrização é difícil e lenta. O prejuízo, embora não fatal, pode ser permanente.

A perda dá origem à ansiedade, que, por sua vez, contém pílulas de esperança. Mas quando ela parece permanente, a ansiedade transforma-se em depressão, e não só nos sentimos sozinhos, como também tristes e sem esperanças, desamados e desesperados. A depressão é dolorosa. Talvez fosse melhor não sofrer a perda, embora, na verdade, não possamos evitar uma morte ou um divórcio ou sofrer um abandono. Podemos criar estratégias de defesa contra a dor e passarmos a não amar, não querer. Viver na mais completa indiferença emotiva – ou podemos enfrentar; manter ao nosso redor uma atmosfera harmoniosa para receber o que há de vir, sem questionar ser, o que virá, condizente à expectativa, pois uma coisa é certa: tudo é oportunidade nas mãos de um ser pensante.

Não existe um desejo fracassado, existe desejo transformado. Talvez não se chegue ao cume da realização, no objeto de desejo, mas se encontrem na escalada oportunidades tão producentes e palpáveis quanto o impalpável desejo desencadeado por, quem sabe, um devaneio e não uma vontade real.

Receitas de superação pesam as estantes das livrarias. O homem em busca do homem. Mas o que é o homem, afinal? Ser pensante com hálito de amanhã, responderia a filosofia; mamífero da ordem dos primatas, caracterizado por ter inteligência dotada da faculdade de abstração e generalização, elucida a ciência; ser oscilante entre o bem e o mal, complementa a religião. Somos mamíferos racionais, aspirantes do futuro, em busca de realizações, cada qual à medida de seu conhecimento.

Possuímos semelhante constituição física – mesmo número de órgãos, neurônios, músculos. No entanto, a mente ou a alma, conforme os religiosos preferem se referir a essa energia que nos manifesta dons e desejos, difere-se na capacidade de romper barreiras. O muro intransponível de um mal passa de meio-fio para outro.

Na história da humanidade há diversos casos de pessoas que se destacaram em meio às mais diversas dificuldades. Beethoven, mesmo surdo, continuou compondo. A Nona Sinfonia, considerada a sua mais grandiosa obra, foi composta no período de maior gravidade de sua doença. Os dez personagens deste livro superaram adversidades, e não só modificaram o próprio curso, mas auxiliam pessoas a vencerem desafios semelhantes aos seus. Afinal de contas, que força é essa emanada das entranhas de uns enquanto em outros sequer amornam-lhes as veias?

A biologia defende o conceito de que cada ser humano é dotado de um potencial genético que o faz mais resistente que outros. A psicologia destaca as relações familiares como importante pilar que construirá no indivíduo a capacidade de suportar crises. A sociologia tem o homem como ser do meio, portanto o entorno e a cultura influenciam e constroem essa capacidade de superar obstáculos.

Há mais de 40 anos a ciência tem-se interrogado sobre o fato de que certas pessoas têm a capacidade de superar as piores situações, enquanto outras ficam presas nas malhas da infelicidade e da angústia. O porquê de certos indivíduos se levantarem após um grande trauma e de outros permanecerem no chamado fundo do poço é curiosidade de cientistas do mundo todo. Acredita-se que o indivíduo que vivenciou o caos e continuou uma vida de qualidade, sem resignação destruidora, ou seja, renasceu dos escombros, são seres resilientes.

"Resiliência" é um termo proveniente da física, que faz referência à capacidade de um corpo em acumular energia sem que ocorra ruptura, recuperando no fim da tensão sua forma original – como o elástico do bodoque que se estica sem arrebentar e depois retorna à forma original, dissipando a energia acumulada e lançando a pedra em direção ao alvo.

Ao ser incorporada à ciência do comportamento, foi definida como capacidade que o indivíduo possui para superar adversidades e sair fortalecido. Vários autores estrangeiros, principalmente dos Estados Unidos e do Reino Unido, têm desenvolvido pesquisas sobre a resiliência. A maioria dos estudos objetiva estudar a criança, focando nas disposições pessoais.

O primeiro a utilizar o conceito foi John Bowlby, definindo resiliência como a qualidade da pessoa que não desanima nem se deixa abater. Uns creem que o efeito dos fatores de estresse e fatores de proteção que operam durante anos no desenvolvimento do indivíduo desencadeiam a resiliência; outros acreditam ser característica inata do ser humano, despertada de acordo com a capacidade momentânea do sujeito frente ao obstáculo. Há os que aventam ser a resiliência uma força existente no globo terrestre à disposição, porém acessível apenas aos que decodificaram seu mecanismo – mais ou menos como só se respira dentro da água com tanque de oxigênio.

Em meio a tantas opiniões e estudos, encontramos unanimidade no conceito de que resiliência é a capacidade de superar as adversidades, embora a sua origem e seu despertar se difiram largamente nas opiniões. O projeto internacional de resiliência, coordenado por Edith Grotberg e apoiado pela Bernard van Leer Foundation[1], define "ser uma capacidade universal que permite a uma pessoa, grupo ou comunidade prevenir, minimizar ou superar os efeitos nocivos das adversidades".

Doutrinas espiritualistas – para um ouvido sensível influenciado por todas as tolices a que foi associada, a palavra espiritual é quase obscena, mas em certos contextos é o termo a se empregar – defendem que o ser humano é caracterizado por um conjunto de processos sociais e intrapsíquicos que lhe possibilitam ter vida saudável mesmo vivendo em um ambiente não saudável.

Todos os grandes mestres da vida espiritual foram ao mesmo tempo profundamente pessimistas e quase infinitamente otimistas. Uma vez preenchidas certas condições, o homem pode deixar de comportar-se como a miserável criatura que, erroneamente, imagina ser e tornar-se o que sempre foi, desde que se permita uma ligeira oportunidade de aprender. É assustadora a evidência de que uma minúscula minoria chegue lá, já que o poder de transformação é característico na raça humana. "Muitos são chamados, poucos são escolhidos" – porque poucos escolhem ser escolhidos.

A superação é possível de acordo com a ciência e a teologia, desde que haja mudança mental e de comportamento, assim como para o budismo, o taoísmo, o hinduísmo, para os quais o fim do sofrimento é possível se o homem se libertar das paixões. É claro que a teologia traz um aporte diferente pela própria subjetividade transcendente, uma visão outra da condição humana e da necessidade do sofrimento como fator de evolução espiritual. No entanto, nem calcadas em fatores subjetivos, as religiões deixam de reconhecer o potencial do homem à superação dos obstáculos, traumas e sofrimentos.

---

[1] Organização internacional com sede em Haia, Holanda, que desenvolve programas Educacionais. www.bernardvanleer.org.

Um conceito bastante comum entre as religiões é o de que o homem tem o poder de criação porque foi criado à semelhança do Criador – formado por um ser primordial por meio da palavra. Ora, até onde a palavra tem poder de criação não ouso discorrer, mas é incontestável que o pensamento positivo e a determinação têm o poder de despertar no nosso íntimo o poder de transformação, a coragem de agir. Se essa coragem é resiliência, se existe dentro ou fora do ser humano, não importa muito. O importante é usar essa força dentro de si aflorando-a no entorno, como se criássemos uma auréola imantada capaz de atrair o objeto de desejo. Seríamos, então, o condutor e produtor da força de atração que regerá nossas vidas.

São muitos os médicos que afirmam haverem presenciado casos de pacientes à beira da morte confessar que, se houvesse mais tempo, mudariam completamente as suas vidas. A morte é peso tão essencial para a vida quanto a própria vida, porque na iminência de morrer dissipam-se as ilusões. Mas se são as ilusões as inibidoras das realizações, Sócrates tinha razão em orientar seus discípulos a se conhecerem.

O "conhece-te a ti mesmo" ganha importância mais que relevante, pois marca o início da realização – realizamos de acordo com a nossa capacidade, enquanto nossa capacidade tem o tamanho de nossa determinação, e a determinação molda a nossa coragem. A coragem nos sequestra da inércia, remetendo-nos ao universo da ação. O agir é o produto final do conhecimento interior, pois, salvo raras exceções, ninguém despende energia (ação) em prol do que lhe é indiferente.

Realizar requer disposição a evoluir e superar, entender e acreditar. Humberto Alexandre, Marco Antônio, Marcos Rossi, Christiane Yared, Lênia Luz, Roberto Bíscaro, Ronaldo Monteiro, Luiz Mendes, Maria Francisca e Oswaldo Braga acreditaram, testaram os limites, acima de tudo, perseveraram. Ampliaram a visão para uma existência sem dicotomias – traço de vencedor. Já a vitória foi questão de dedicação pessoal.

A superação independe de classe social, cor ou educação, depende de ter um objetivo, acreditar em algo. A vida está sempre em movimento. Forças atuam dentro e fora de nós, criando novas atitudes, novos dias. Não sabemos para onde estamos indo, mas podemos pintar os nossos horizontes.

Qualquer livro do nosso catálogo não encontrado nas livrarias pode ser pedido por carta, fax, telefone ou pela internet.

✉ Rua Aimorés, 981, 8º andar – Funcionários
Belo Horizonte-MG – CEP 30140-071

📱 Tel.: (31) 3222 6819
Fax.: (31) 3224 6087
Televendas (gratuito): 0800 2831322

@ vendas@autenticaeditora.com.br
http://www.autenticaeditora.com.br

Este livro foi composto com tipografia Minion Pro e impresso em papel Pólen 90 g na Formato Artes Gráficas.
